Darci Levis

No Caminho da Riqueza

Todos os direitos reservados
Copyright © 2020 by Editora Vital

Direção Editorial
Silvia Vasconcelos
Produção editorial
Juliana Santoros Miranda
Preparação
Juliana Santoros Miranda
Revisão
Fernanda R. Braga Simon
Diagramação e composição de capa
Alfredo Carracedo Castillo

Texto de acordo com as normas do Novo Acordo Ortográfico da Língua Portuguesa
(Decreto Legislativo nº 54, de 1995)

Dados Internacionais de Catalogação na Publicação (CIP)
(Câmara Brasileira do Livro)

L666c   Levis, Darci
         No caminho da riqueza / Darci Levis. - Cotia, SP : Vital
         Editora, 2020. 136 p. ; 16cm x 23cm.

ISBN: 978-65-80489-17-6

1. Economia. 2. Finanças. 3. Desenvolvimento. 4. Pessoal.
5. Dinheiro. 6. Marketing. I. Título.

2020-440   CDD 330
                                                              CDU 33

Índices para catálogo sistemático:

1. Economia 330
2. Economia 33
Elaborado por Vagner Rodolfo da Silva – CRB-8/9410

2020
IMPRESSO NO BRASIL
PRINTED IN BRAZIL
DIREITOS CEDIDOS PARA ESTA EDIÇÃO À
EDITORA VITAL
Avenida São Camilo, 899
CEP 06709-150 – Granja Viana – Cotia – SP
Tel. (11) 4612-6404
www.vitaleditora.com.br

No caminho da riqueza

Este livro ensina como ingressar e se manter na riqueza, que significa viver uma situação de felicidade nas áreas espiritual, familiar e financeira, nessa ordem.

De Darci Levis

Naquela noite Deus apareceu a Salomão e disse-lhe: "Peça o que você quiser". E Salomão respondeu a Deus: "Tu trataste com muito amor o meu pai Davi e me colocaste como rei no lugar dele. Agora, pois, ó Senhor Deus, mantém a promessa que fizeste a meu pai Davi, porque me puseste como rei sobre um povo tão numeroso como o pó da terra. Concede-me, então, sabedoria e conhecimento, para que eu possa conduzir bem este povo. Do contrário, quem poderia governar este povo tão numeroso?" Então Deus disse a Salomão: "Já que deseja isso, e não pediu riqueza, fortuna e glória, nem a morte dos inimigos ou muitos anos de vida para você mesmo, mas pediu sabedoria e conhecimento para governar o meu povo, do qual eu o fiz rei, então você receberá sabedoria e conhecimento. Além disso, eu lhe dou também riqueza, fortuna e glória, como nenhum dos seus antecessores teve, nem seus sucessores terão".

2 Crônicas 1:7-12

E o rei Salomão superou, em riqueza e sabedoria, todos os reis da terra. Todos os reis do mundo queriam ser recebidos por Salomão, para aprender a sabedoria que Deus tinha lhe dado e colocado no seu coração. E todos os anos, cada um deles trazia, como presente, objetos de prata e ouro, roupas, armaduras, especiarias, cavalos e mulas.

2 Crônicas 9:22-24

O rei fez, em Jerusalém, com que a prata fosse tão comum quanto as pedras, e houvesse cedros em tanta abundância como as figueiras bravas que há pelas campinas.

2 Crônicas 9:27

Dedicado a você

Que *No Caminho da Riqueza* lhe traga felicidade espiritual, familiar e financeira, durante toda a sua existência.

Sumário

O autor e o livro 9

Prefácio 13

Agradecimentos 17

1. No caminho da riqueza 19
2. É possível conquistar a riqueza com ética? 21
3. A vida e suas necessidades 23
4. Investindo na sua riqueza 25
5. A mágica dos juros compostos 27
6. Previdência privada: cuidados a serem tomados 29
7. Pague primeiro a você! 31
8. Investimentos inteligentes 33
9. Quanto custa um filho? 35
10. Pensamentos e sentimentos da riqueza 37
11. O que fazer para atrair o dinheiro? 39
12. O que fazer para mudar seus resultados financeiros? 41
13. Como funciona o marketing de rede ou marketing multinível? 43
14. Por que o marketing de rede ou multinível é recomendado? 46
15. Você é um vendedor? 48
16. A menos de um metro do caminho da riqueza 50
17. Os milionários do mundo 52
18. Renda multiplicada por 100 em três meses 54
19. A educação e o caminho da riqueza 56
20. Educação x Riqueza 58
21. As 30 maiores razões do fracasso no caminho da riqueza 60

22. Evite financiar um automóvel 71
23. Nunca pague o mínimo 73
24. Saia da corrida dos ratos 75
25. Renda Linear x Renda Residual 77
26. Você precisa ser um visionário 79
27. Pare de pensar e aja! 81
28. Suas necessidades financeiras 83
29. Você é um vencedor! 85
30. A defasagem da sua renda 87
31. Educação financeira 89
32. Diversifique suas rendas 91
33. Viver ou juntar dinheiro? 93
34. O seu modelo de dinheiro 95
35. Colecione pequenas vitórias diárias 103
36. O maior líder de todos os tempos 105
37. Curada pela crença inabalável do filho 107
38. A influência do subconsciente na busca da riqueza 109
39. A riqueza vem de Deus 111
40. O desejo e a fé no caminho da riqueza 113
41. O uso da mente e o caminho da riqueza 115
42. Imagine-se 117
43. Como desenvolver a fé 119
44. Se Deus está com você, nada é impossível! 121
45. Você e o poder onipresente e onipotente 123
46. A riqueza e o pecado 125
47. O rico que não confiava na sua riqueza 127
48. Dinheiro traz felicidade! 129
49. Sua vida é abençoada! 131
50. A grande verdade da sua vida 133

O AUTOR E O LIVRO

O texto abaixo descreve sucintamente alguns momentos importantes da vida do autor. Seu conteúdo o ajudará a entender os motivos que levaram o autor a escrever este livro para você.

Darci Levis nasceu em 1979, no município de Farroupilha, estado do Rio Grande do Sul – Brasil. Estudou dos seis aos 16 anos na mesma escola estadual. Quando tinha por volta de seis anos, ajudava a mãe a costurar sapatos e fazer o que se chamava de "passadinhos", que consistiam em passar filetes de couro em fitas do mesmo material, que eram presas, posteriormente, às línguas dos sapatos. Por volta de seus 10 anos, começou a trabalhar em um *atelier* de calçados, durante meio turno, para continuar estudando. Executava serviços gerais, dentre eles passar cola e furar gáspeas de sapatos. Certo dia, ao receber um de seus salários, seu pai, ao saber do valor recebido, pediu a ele que ficasse em casa, que lhe daria aquele ínfimo valor, mensalmente.

Após isso, acompanhava seu tio no trabalho como pedreiro. Ajudava-o como servente e recebia para isso. Posteriormente, desempenhou essa função também com um pedreiro vizinho da família. Aos 12 anos, trabalhou como entregador de jornais. Foi um de seus trabalhos mais divertidos, pois entregava os jornais de bicicleta, nas terças e sextas-feiras, pela manhã. Mas gastava quase todo o dinheiro que recebia em fichas no fliperama.

Em 1993, com 13 anos, assinou sua carteira de trabalho pela primeira vez, para trabalhar em uma fábrica de calçados. Sete meses depois, iniciou seu trabalho em uma metalúrgica de disjuntores. Em 1995, iniciou um estágio nos Correios, como carteiro. Um ano e dois meses depois, iniciou seu trabalho em uma empresa de tecelagem. Nesta empresa, sempre trabalhou à noite. Isso permitiu que ele pagasse seu curso pré-vestibular, de custo elevado, em 1997, e que o frequentasse durante as tardes.

Mesmo após um ano cursando o pré-vestibular, não conseguiu obter aprovação em nenhum dos vestibulares em que se inscrevera. Em 1998, para não desembolsar novamente os custos com o curso, transporte etc., organizou-se e estudou em casa com os materiais do ano anterior. Estudou durante seis meses de maneira extremamente organizada, seguindo a carga horária imposta pelo pré-vestibular, proporcionalmente, de tal forma que, em seis meses, conseguisse estudar todo o conteúdo abordado no ano anterior. No vestibular de inverno, finalmente conseguira sua vaga, ingressando inicialmente no curso de engenharia civil. Havia vários candidatos para cada vaga, mas, das 60 vagas disponíveis, conquistou a oitava colocação. Naquela época, era difícil ser aprovado nos vestibulares. Após seis meses cursando a engenharia civil, trocou sua matrícula para o curso de Física – Licenciatura.

Permaneceu no emprego de tecelagem até que seu horário noturno na empresa não permitisse mais cursar disciplinas do curso de Física, que também ocorria à noite. Então, em 2000, saiu da empresa, vendeu seu carro e, com o dinheiro, começou a comprar e vender automóveis. Precisava pagar sua faculdade fazendo outras coisas e continuar até que conseguisse lecionar. Na época, havia falta de professores de Física, e o governo estadual permitia que os alunos desse curso lecionassem a partir do quarto semestre concluído.

Essa foi uma das piores fases da sua vida. Seus pais haviam se separado, e as dificuldades haviam aumentado, pois surgira a necessidade de ajudar a manter as despesas da casa em que ele morava com sua mãe e seu irmão mais jovem. Um momento marcante ocorreu na universidade em uma das noites em que ele fora estudar. Não possuía R$ 1,90 para jantar no restaurante universitário, que era o mais barato do *campus*.

Ainda não era possível trabalhar como professor. Seu objetivo maior era avançar no curso universitário para conseguir lecionar. Havia descoberto que, trabalhando como bolsista, poderia conseguir pagar algumas disciplinas do curso. Então, no final de 2000, procurou a coordenação do seu curso para informar que gostaria de trabalhar como aluno bolsista. Descobrira que uma única vaga estaria disponível no início de 2001, sob a orientação do Físico PhD João Goedert.

Sem saber escrever textos de forma clara nem entender de computação, iniciara seu trabalho como aluno bolsista pesquisador da Física. E, seis meses depois, conseguira finalmente iniciar sua carreira de professor na escola estadual em que havia estudado toda a sua vida. Em seguida, formou-se professor de Física e cursou um Mestrado em Computação Aplicada, concluído em 2007.

Ao perceber que, mesmo após todo esse processo, suas rendas não eram suficientes para a realização de seus objetivos, começou a pesquisar e desenvolver, gradativamente, negócios nos ramos de *software*, transportes, *marketing* de rede, projetos de captação de recursos e comércio. Teve grandes problemas financeiros para resolver.

Ao desenvolver seu trabalho como analista financeiro em uma empresa de *marketing* de rede, constatou que a maioria das pessoas que ele visitava tinha descontrole financeiro. E o pior, que esse descontrole era proporcional às suas rendas. Essas constatações, no trabalho de campo e na sua própria vida, motivaram-no a escrever este livro para você. Nele, você aprenderá desde hábitos básicos que devem ser evitados, porque ocasionam o fracasso financeiro, até um conhecimento mais profundo sobre você mesmo, que, somados poderão levá-lo e mantê-lo **No Caminho da Riqueza**.

Prefácio

Era fevereiro de 2007 quando defendi minha dissertação de Mestrado em Computação Aplicada. Chegara o fim de um período que se iniciou em 1998, com a graduação de Licenciatura em Física, que concluí em 2004. Em 2005, iniciei o mestrado. Foram oito anos de estudo, trabalho, viagens e investimento de tempo e dinheiro. Noites, feriados e finais de semana sacrificados em prol dessas conquistas. No ano de 2007, lecionava em instituições privadas, que eram meu sonho no início da graduação. Com a conclusão do meu mestrado, meus salários aumentaram 10% e totalizaram cerca de R$ 2.200,00 mensais.

O salário mínimo brasileiro em 2007 era de R$ 380,00. Para citar um parâmetro mundial, U$ 1,00 valia aproximadamente R$ 2,00. A renda que eu possuía como professor superava a da maioria da população. Mas eram salários do mercado de trabalho de instituições privadas. Não havia garantias, e a profissão de professor não era muito valorizada. Eu só conseguiria aumentar a minha renda trabalhando mais, lecionando em outras instituições ou dando aulas particulares, utilizando mais tempo do que já utilizava.

No entanto, a profissão de professor exigia a utilização de muitas horas de trabalho fora da instituição, para a correção de avaliações dos alunos, preparação de aulas, fechamento de diários de classe etc. Além disso, eu tinha vários colegas professores e professoras com vários anos de experiência na profissão, próximos da aposentadoria. Olhava para eles e percebia que eu estaria nas mesmas condições no futuro caso permanecesse fazendo as mesmas coisas daquela época para a frente.

Nesses momentos eu me frustrava, porque tinha muitos sonhos e percebia que estavam muito distantes. Surgiu a possibilidade de eu cursar doutorado com uma bolsa de estudos. Não tive interesse. Lembrei que havia professores doutores que estavam desempregados por terem muitos títulos. Eu me perguntava o que faria de lá para frente, porque continuar a vida da mesma forma permitiria apenas a realização dos meus sonhos mais básicos. Então, concluí o óbvio, que precisava fazer coisas diferentes para obter resultados diferentes. Ainda em fevereiro de 2007, fundei nossa empresa de *software*, pois havia desenvolvido alguns aplicativos que eu mesmo usava em minhas aulas.

Ao longo do mesmo ano, houve um momento em que, ao abrir meus *e-mails*, visualizei a propaganda de um livro de que nunca havia ouvido falar, com o título "Nós queremos que você fique rico". Comprei-o imediatamente. Parecia que ele fora escrito exclusivamente para mim naquele momento. Lendo-o, entendi as principais diferenças entre empregados, autônomos, empresários e investidores. Eu era apenas um empregado. Meu tempo era limitado a 24 horas. E isso limitava minha renda. Não conhecia nem utilizava os conceitos de duplicação e alavancagem. Tinha pouquíssimos conhecimentos sobre negócios. Não conhecia nem desenvolvia nada relacionado a *marketing* de rede, negócio que também é abordado no livro citado acima.

Então comecei a pensar e pesquisar sobre negócios. Em minhas horas vagas, eu desenvolvia e aprimorava meu *software* de educação. Já tentava vendê-lo para escolas, mas faltava abordar tarefas administrativas para despertar mais o interesse das instituições. Sempre que ouvia isso após uma demonstração do *software*, voltava ao trabalho, desenvolvia e aprimorava aquilo que era necessário. Como não possuía recursos para contratar pessoas, tudo era feito por mim, embora continuasse lecionando. Muitas madrugadas foram utilizadas pensando e pesquisando qual seria a melhor forma de facilitar a vida dos futuros usuários daquele *software*. Depois, logicamente, realizava o trabalho de programação. E, paralelamente a isso, li outros livros: "O Segredo", de Rhonda Byrne, e "A Ciência de Ficar Rico", de Wallace Wattles.

De forma geral, todos os meus familiares eram caminhoneiros e pedreiros. Eu não queria exercer essas funções, mas um dos meus tios havia conquistado algumas coisas que chamavam a minha atenção, trabalhando com seu próprio caminhão. Após diversas pesquisas e cálculos, adquiri uma caminhonete para realizar entregas de pães pela nossa cidade, juntamente com meu irmão mais jovem, que seria o motorista. Não possuíamos nenhum dinheiro para investir. Por isso financiei meu automóvel para efetuar a compra. Havia fretes diários garantidos para a utilização daquela caminhonete, e, pelas nossas contas, seria um bom negócio.

Pouco tempo depois, compramos um caminhão, totalmente financiado, com os créditos bancários que consegui utilizando minhas rendas comprovadas de professor. Meu irmão foi o motorista, e contratamos outra pessoa para trabalhar com a caminhonete. Três meses depois, o motor do caminhão fundiu, ocasionando nosso primeiro grande imprevisto. Minha conclusão foi de que precisaríamos comprar outro caminhão, porque não teríamos condições de manter todos os compromissos financeiros assumidos, pois seria preciso cerca de um mês para ter aquele motor pronto novamente. O caminhão parado não faturaria nada e ainda havia gerado uma grandiosa despesa que precisaríamos honrar.

Em dezembro de 2007, comprei outro caminhão. Consegui porque provei que possuía rendas de dois veículos que estavam trabalhando, mais as minhas rendas de professor. Para resumir, como tudo foi feito com pouco planejamento e sem nenhum capital próprio investido, aconteceram imprevistos, e os bancos não perdoaram meus compromissos assumidos e não cumpridos. Tive as maiores dívidas da minha vida, que cresceram demais, consumiram meu nome na praça e até minhas rendas de professor.

Em 2008, conheci um negócio de *marketing* de rede na área financeira e me associei porque o investimento era baixo e eu havia percebido um grande potencial para crescer. Isso me ajudou muito a planejar a saída das dívidas e o futuro financeiro. Passei a realizar o trabalho de campo e ter contato com a vida financeira de outras pessoas. Para meu espanto, percebi que a grande maioria das pessoas que eu conversava estava endividada, além do que suas rendas permitiam. Não importava a classe social ou escolaridade, simplesmente estavam endividadas dessa forma. E a minha pior constatação foi de que essa mesma maioria possuía apenas a renda de um emprego, nenhuma renda ou negócio alternativos.

Em fevereiro de 2009, deixei a profissão de professor para dedicar parte do meu tempo a desenvolver projetos para captação de recursos na Prefeitura Municipal da minha cidade. Fui convidado a assumir um cargo de confiança na Administração Municipal. A carga horária semanal era reduzida, e então percebi que eu poderia desenvolver e aprimorar meus negócios, paralelamente, pois teria mais tempo disponível do que lecionando. E foi isso que aconteceu.

Até 2013, também li e reli os livros: "Quem Pensa Enriquece", de Napoleon Hill; "O Maior Vendedor do Mundo", de OG Mandino (1ª parte, dos 10 pergaminhos que levam 10 meses para serem lidos, e a 2º parte, com os 10 votos do sucesso); "Os Segredos da Mente Milionária", de T. Harv Eker, "O Sucesso Não Ocorre Por Acaso", de Lair Ribeiro; Pai Rico Pai Pobre, de Robert T. Kiyosaki; e "O Poder do Subconsciente", de Joseph Murphy. Posso dizer que estes livros, somados àqueles que citei anteriormente neste prefácio, mudaram mais a minha vida do que tudo que havia aprendido nos longos anos de estudo. Por isso, sou muito grato a Deus pelo fato de esses livros terem chegado até mim e eu ter condições de lê-los.

Foram longos anos até conseguir regularizar novamente a vida financeira. Precisei aprender pela dor. Não recomendo a ninguém fazer o que fiz, pois meu planejamento financeiro foi ruim. Quando estava revisando este livro, já tínhamos uma situação financeira controlada e mais um novo negócio, na área comercial. A minha conclusão após esses feitos foi de que eu precisava falar sobre isso a outras pessoas, para evitar que sofressem aquilo que sofri. Esse é o principal motivo que me levou a escrever este livro.

Neste sentido, se você deseja realmente trilhar o caminho da riqueza, leia este livro até o final com a mente aberta. Ele foi escrito para você. Não importa a sua situação atual, sua classe social, nem seu grau de escolaridade, porque tudo isso passará. Tire o melhor dele para aplicar na sua vida e da sua família. Leia-o do início ao fim, pelo menos três vezes. Seus capítulos são curtos e objetivos. Você precisará apenas de cinco a dez minutos para lê-los. Sugiro que leia um capítulo por dia, como última tarefa imediatamente antes de dormir ou primeira tarefa após se levantar da cama. E ele poderá proporcionar grandes mudanças na sua vida e da sua família.

Grande abraço!
O Autor

Agradecimentos

Agradeço primeiramente a Deus, o poder onipresente e onipotente, que sempre invoquei em cada momento em que me sentava, antes de escrever, pedindo que eu conseguisse tocar o coração das pessoas que leriam aquilo que eu escreveria.

Aos meus pais, que permitiram que eu existisse.

A Dilso João dos Santos, que iniciou no Brasil, em 1995, sua missão de levar algo de valor para a vida das pessoas, independentemente de suas condições, por meio da empresa Dinastia Soluções Financeiras. Devo boa parte da minha educação financeira a essa empresa.

Aos grandes mestres que escreveram os livros que influenciaram minha vida positivamente até o momento da formatação final deste livro: Wallace D. Wattles, Napoleon Hill, OG Mandino, Joseph Murphy, Rhonda Byrne, Robert T. Kiyosaki, Donald J. Trump, Lair Ribeiro e T. Harv Eker.

Ao Professor PhD João Goedert, pela recusa em ler mais de três páginas da primeira versão do meu trabalho de conclusão do curso de Física, alegando estar ilegível. Foi naquele momento, em 2004, que eu comecei a ler e reler várias vezes todas as coisas que eu escrevia, antes de passá-las adiante para outras pessoas lerem. João foi meu professor orientador por dois anos, quando fui bolsista do curso de Física, e durante um ano do meu mestrado em computação.

Ao meu gato de estimação chamado Frajola, por todos os momentos em que me acompanhou, deitado ao meu lado ou em meu colo, nos dias mais frios, apoiando-me com sua presença, sem nunca pedir nada em troca. Quem tem um animal de estimação de que gosta sabe do que estou falando.

A todas as pessoas que entraram na minha vida, me inspiraram, comoveram e iluminaram com a sua presença.

À minha filha Isabelle, que, embora tivesse apenas entre um e dois anos de idade, assistia a vídeos com animações diversas como Galinha Pintadinha, Smilinguido, Turminha Cherubim, Backyardigans e a Casa do Mickey Mouse, em meu colo, enquanto eu formatava alguns trechos deste livro, visualizando-o em metade da tela do meu *laptop*, enquanto mantinha os vídeos rodando na outra metade. Minha filha foi o maior presente que Deus havia me dado até aquele momento.

E, por fim, à minha esposa Cleidi, que, por inúmeras vezes, me deu um beijo de boa noite e olhava as horas em meu *laptop* antes de ir dormir, sempre que eu ficava escrevendo no silêncio da madrugada, bem como por todos os momentos em que permitiu que eu me dedicasse a escrever e revisar os capítulos deste livro.

No caminho da riqueza

1

Independentemente do seu nível financeiro ou grau de escolaridade, o objetivo deste livro é mudar a sua vida e da sua família para melhor. Muitos livros de sucesso mundial serão citados ao longo dos capítulos. Quando aprendemos algo, praticamos e conquistamos resultados importantes por causa disso, devemos compartilhar essas informações com as demais pessoas. Esse é o motivo do autor para escrever este livro. Lendo e seguindo suas instruções, você poderá resolver os problemas que envolvem sua vida financeira e promover a harmonia de suas relações familiares e espirituais. Leia este livro várias vezes, com seriedade, cuidado e paixão.

A melhor maneira de resolver o problema de maus resultados financeiros é mudar a nossa forma de pensar. Precisamos começar a pensar como os ricos, não como os pobres ou como a classe média. Se não deixarmos de esperar que o governo tome conta de nós, continuaremos a obter os mesmos resultados: um mundo repleto de pessoas instruídas, porém financeiramente necessitadas. Para resolver seus próprios problemas, você precisa trilhar o caminho da riqueza! Para isso, precisa programar-se para que, com o tempo, o seu dinheiro trabalhe para você.

Albert Einstein definiu a insanidade como "fazer a mesma coisa, por repetidas vezes, e esperar resultados diferentes". Você concorda que é insanidade continuar mandando as crianças para a escola e não lhes ensinar a lidar com o dinheiro? No livro "Nós queremos que você fique rico", um dos autores, Robert T. Kiyosaki, explica que você pode ser quatro coisas na vida: *Empregado* (E), *Autônomo* (A), *Dono de um grande negócio* (D) e *Investidor* (I).

Quem é *Empregado* está limitado a tudo. Aceita que o emprego e o governo controlem a sua vida. Aceita vender horas diárias da sua vida à empresa. Aceita tirar férias geralmente uma vez por ano, com a época definida pela empresa. Se não trabalhar neste mês, não receberá no próximo. *Autônomos* são pessoas que governam seu próprio trabalho, o que abrange médicos, advogados etc. Quem é autônomo pode escolher quando trabalhar, tirar férias e se contribui ou não com a previdência social – INSS. Entretanto, toda a sua renda também depende exclusivamente da própria pessoa. Se o profissional deixar de exercer sua profissão por 15 dias, por exemplo, não obterá renda nesse período. Qualquer motivo que afaste um *Autônomo* de seu trabalho o afastará também de seus rendimentos.

Em contrapartida, quem é *Dono de um grande negócio* utiliza os conceitos de duplicação e alavancagem. Duplica seu tempo utilizando o de outras pessoas. Conta com vantagens do governo em relação a impostos que não valem para *Empregados* e *Autônomos*. Aqueles que são *Investidores* fazem o dinheiro que possuem render mais dinheiro. Em geral, diversificam seus investimentos para garantir que ganharão mais dinheiro, mesmo se determinado setor da economia em que investem não for muito bem. Voltando à insanidade citada anteriormente, as escolas ensinam as crianças a serem *Empregados* e *Autônomos*. Para atingirmos o caminho da riqueza, precisamos ser Ds e Is e ensinar nossas crianças a serem Ds e Is.

É POSSÍVEL CONQUISTAR A RIQUEZA COM ÉTICA?

2

Infelizmente, a maioria das pessoas não acredita que pode enriquecer. Nem que é possível conquistar a riqueza trabalhando de forma ética, moral e legal. Acreditam que, se alguém tem muito dinheiro, é porque outras pessoas estão passando por necessidades. Para piorar, existem crenças que dizem, em outras palavras, que a regra é ficar sem dinheiro. Convido você a fazer um teste: ficar um mês sem gastar dinheiro. Apenas um mês! Sem comprar nada! Não utilizar dinheiro seu nem de sua família para nada. O que você acha que aconteceria? O que pensaria quando precisasse comprar algum alimento, por exemplo, no primeiro dia? E no segundo, terceiro? Como isso não seria possível, você precisa concordar que todos nós precisamos de dinheiro para viver.

Se você sempre precisou de dinheiro para se alimentar e se vestir, precisará também quando ficar velho. Se não pensar em você hoje, independentemente de sua idade, não conseguirá manter seu padrão de vida quando decidir diminuir seu ritmo de trabalho ou se aposentar, especialmente se for pelo INSS. Mas como mudar as atitudes em relação às suas finanças? Será que é possível mudar alguns de seus hábitos e conquistar a riqueza com ética? É possível! Existem várias maneiras de conquistar a riqueza sem prejudicar outras pessoas. Este capítulo mostrará o exemplo mais simples possível para isso, que aborda uma reserva mensal daquilo que você já recebe atualmente, em seu trabalho tradicional.

No livro "Os Segredos da Mente Milionária", o autor faz duas perguntas cruciais para a explicação das nossas vidas financeiras. A primeira é: O que você ouvia sobre o dinheiro quando era criança? E a segunda: O que você via sobre o dinheiro quando era criança? A resposta a essas duas perguntas determina sua situação financeira atual. A maneira como você utiliza seu dinheiro hoje tem tudo a ver com a cultura enraizada na sua família. Objetivamente, se você está na pindaíba, isso está ocorrendo apenas porque existe algo que não sabe, algo que você não aprendeu na escola sobre seus hábitos financeiros.

Mesmo sem mudar seu trabalho atual, você pode conquistar a riqueza. Pode dar duro por dinheiro apenas até que o seu dinheiro, acumulado, dê duro para você. Mas riqueza não significa apenas ter dinheiro. Existem pessoas que possuem muito dinheiro, mas têm problemas familiares, dentro de suas casas. Isso não é riqueza! Riqueza significa ter felicidade nas áreas espiritual, familiar e financeira, nessa ordem. A maneira mais simples de conquistar a felicidade financeira é criar a consciência de guardar algum dinheiro mensalmente durante 10, 20, 30 anos. Entenda que esse tempo vai passar de qualquer forma, independentemente de você fazer algo diferente ou não.

Você pode começar guardando 10% daquilo que recebe de dinheiro, mensalmente. Para compensar esse esforço mensal, o livro que citei acima sugere que você crie uma conta da diversão, reservando outros 10% dos seus ganhos para depositar nela, mensalmente. A regra para essa conta é zerá-la todos os meses. Isso mesmo, torrar esses 10%! Gastando-os numa festa, num jantar, com algo que faça você se sentir bem. O fato de gastar esse dinheiro com diversão lhe permitirá viver uma sensação de riqueza.

Você entenderá, mensalmente, que está sendo divertido reservar e investir os 10% na sua previdência privada, por exemplo. A sensação de riqueza, gerada pelo gasto dos outros 10% do seu orçamento mensal com diversão, o fará refletir sobre como será bom viver quando o seu dinheiro acumulado der duro para você. Essa é a maneira mais simples de conquistar a riqueza financeira com ética, que qualquer pessoa pode fazer. Iniciando dessa forma, na medida em que o tempo for passando, você atrairá outros investimentos e perceberá que as pessoas que trabalham muito, braçalmente, nunca terão tempo para ganhar dinheiro.

A VIDA E SUAS NECESSIDADES
3

De forma geral, a grande maioria das pessoas não se programa financeiramente para as diferentes fases da vida, suas necessidades e seus fatos. O autor de "Os Segredos da Mente Milionária" destacou, na capa desse livro, que, para ele, o dinheiro deve ser acumulado para proporcionar liberdade. Se você ainda não tem liberdade financeira, o que está fazendo para conquistá-la?

Primeiramente, é necessário entender que a sua vida tem fases, fatos e necessidades. A primeira fase da vida das pessoas compreende a faixa etária de 0 a 20 anos. Numa situação ideal, nesta fase as necessidades são proteção e preparação. Amparado pela renda dos pais ou responsáveis, nessa faixa etária você se prepara para a vida, suas oportunidades e desafios. Estuda para poder fazer suas escolhas orientadas pela vontade, e não apenas pelas necessidades.

A segunda fase da vida ocorre entre os 20 e 60 anos. As necessidades se alteram, naturalmente. Numa situação ideal, nesse período é preciso ter segurança e renda maior do que suas necessidades. Se você está nessa faixa etária, precisa trabalhar, fazendo aquilo que gosta de fazer e ganhando mais do que precisa. Só assim será possível garantir segurança e conforto para sua família hoje, liberdade e independência amanhã.

Na terceira e última fase da vida, novamente ocorrem mudanças. A necessidade é independência do trabalho. Compreendendo a faixa etária dos 60 aos 100 anos, nesta fase, estar dependente do trabalho está longe de representar a situação ideal. Para que você e sua família não precisem de ajuda nesse período, é necessário estar financeiramente independente. Não ter de trabalhar porque precisa de dinheiro. Essa fase deve existir para desfrutar do patrimônio construído durante os 40 anos de trabalho, vividos entre os 20 e 60 anos. Na aposentadoria, só você depende de si.

Seus filhos levarão a vida por conta própria. Com isso, suas despesas diminuirão e você não terá mais dívidas nem financiamentos, numa situação ideal. Entretanto, é muito importante que você tenha dinheiro trabalhando para você.

Em qual dessas fases você se encontra? É preciso entender que nunca deixará de trabalhar por dinheiro se não colocar seu dinheiro para trabalhar para você. Como exemplo de investimento, para reflexão, um único depósito de R$ 1.000,00 no dia do seu nascimento, mantido até você completar 65 anos a uma taxa de 1% ao mês, acumularia mais de 2 milhões e trezentos mil reais. Ou, então, que tal trabalhar com algo em que você possa ser remunerado pelo seu empenho e desempenho em vez de receber um salário fixo mensal pela venda de seu tempo para outras pessoas? Esses foram apenas alguns exemplos, mas servem para perceber que, se você deseja conquistar algo que nunca teve, deve fazer algo que nunca fez! Essa é a única forma de entrar no caminho da riqueza. Não tenha dúvida disso!

Investindo na sua Riqueza

4

Contra fatos não há argumentos! Para mudarmos o fato de termos um mundo repleto de pessoas instruídas, porém financeiramente necessitadas, precisamos realizar algo que nunca realizamos. Para você não ficar financeiramente necessitado, deve aprender a ser um investidor. Todas as crianças precisam aprender a ser, especialmente, Investidores. As escolas não as ensinam a lidar com o dinheiro. As escolas e faculdades ensinam as pessoas a serem empregados e autônomos. Não ensinam a serem donos de um negócio nem investidores. Não ensinam a trabalharem por dinheiro apenas até que o seu próprio dinheiro dê duro para elas. Não ensinaram você a investir na sua riqueza.

Para iniciar um investimento, você não precisa de uma grande quantia de dinheiro. Basta, por exemplo, começar com um plano de previdência privada. Existem planos de previdência privada sem taxas de carregamento, com taxa de administração de 2% ao ano, que chegam a render até 18% ao ano, ou seja, aproximadamente 1,5% ao mês. Esses planos, geralmente, são ligados a clubes, associações ou cooperativas, sendo fornecidos para pessoas associadas. Veja um exemplo simples: R$ 100,00 depositados mensalmente, durante 30 anos, permitem a você acumular mais de R$ 1.000.000,00. Esta quantia lhe renderia mensalmente R$ 15.000,00, considerando a mesma taxa média de 18% ao ano. Você acha que essa renda mensal lhe permitiria tomar a decisão de não trabalhar mais por dinheiro? Imagine-se recebendo essa quantia em dinheiro mensalmente! O que mudaria na sua vida e da sua família?

Será que vale a pena se programar, investindo na sua riqueza durante 30 anos? Comparemos com um investimento no INSS. Após 35 anos de contribuição, para os homens brasileiros no ano de 2013, o teto máximo a ser atingido era pouco mais de R$ 4.000,00. Você ficará mais velho sem ter nenhum capital acumulado pelos seus investimentos e receberá no máximo R$ 4.000,00 mensais inicialmente. Cabe ressaltar que, para isso ocorrer, sua renda atual deve ser maior do que esse valor. O reajuste recebido na sua aposentadoria não seguirá nem o do salário mínimo. Isso significa que, em 10 anos, o salário de aposentadoria terá menos da metade do poder de compra que tinha quando você começou a recebê-lo.

O INSS encerrou o ano de 2012 com déficit de mais de R$ 40 bilhões. Isso significa que existem no Brasil muito mais pessoas recebendo do INSS, aposentadas, do que investindo, trabalhando com carteira assinada ou pagando no famoso carnê alaranjado. Qual opção de investimento é melhor: investir na previdência social pública ou em si próprio? Como seria sua aposentadoria se você conquistasse R$ 1.000.000,00 de patrimônio, em dinheiro, e o fizesse render uma quantia que lhe possibilitasse viver com total segurança e conforto, comparado à vida da maioria das pessoas? Pense nisso! Será que existe algum caminho a seguir? Existe apenas um: o caminho da riqueza.

A MÁGICA DOS JUROS COMPOSTOS
5

No capítulo anterior, foi citado um exemplo de que R$ 100,00 depositados mensalmente, durante 30 anos, a uma taxa de 18% ao ano, em média 1,5% de juros ao mês, permitem a você acumular mais de R$ 1.000.000,00. O texto destacava também que essa quantia lhe renderia mensalmente R$ 15.000,00, considerando a mesma taxa média de 18% ao ano. É possível que não tenha ficado totalmente claro para você como isso seria possível. Mas esteja certo de que você sabe como isso funciona.

Se você conhece o limite do cheque especial ou já pagou um valor menor do que o total da sua fatura do cartão de crédito, sentiu essa mágica no seu bolso. Caso você utilize determinado valor do limite de seu cheque especial e não o devolva por cinco meses, sua dívida dobrará. Se você pegar emprestados R$ 1.000,00 do cheque especial, após cinco meses deverá R$ 2.000,00. Após 12 meses, deverá mais de R$ 3.000,00. Após 24 meses, deverá mais de R$ 9.000,00.

As leis brasileiras permitem que isso seja cobrado das pessoas e das empresas. Infelizmente, um grande número de pessoas e empresas inicia um processo de autodestruição financeira, diariamente, utilizando esse tipo de dinheiro. Corte esse limite de sua conta bancária, pois um dia você olhará para o extrato percebendo o valor disponível e talvez não resista. E anos da sua vida serão dedicados ao pagamento do impagável. Os juros do cheque especial e o rotativo do cartão de crédito chegaram a taxas médias entre 8% e 14% ao mês em 2012. No entanto, é bastante difícil você encontrar um investimento que lhe renda essas taxas. Mas é preciso adaptar-se a essas regras.

Como você percebeu que conhece a mágica dos juros compostos, é preciso utilizá-la a seu favor. Juros compostos também são conhecidos como "juros sobre juros". Vamos entender o exemplo de R$ 100,00 por mês aplicados a uma taxa de juros mensal média de 1,5%. No mês 1, você aplicou R$ 100,00. No mês 2, antes de aplicar novamente, você terá R$ 101,50. Então aplica mais R$ 100,00, totalizando R$ 201,50. Note que R$ 1,50 são juros que você já ganhou. Agora, além de receber juros sobre os R$ 200,00 que desembolsou, ganhará também sobre os R$ 1,50, que você não possuía.

Assim, no mês 3, antes de aplicar novamente R$ 100,00, você já possui R$ 204,52. Então aplica mais R$ 100,00, totalizando R$ 304,52. No mês 4, você terá R$ 309,09, antes de aplicar outros R$ 100,00. Se você seguir esse cálculo para 30 anos, o valor acumulado ultrapassará R$ 1.300.000,00. Parte do valor acumulado será destinada ao imposto de renda, e outra parte, à instituição que administrará esse dinheiro para você. Se fizer uma boa escolha quanto a isso, poderá acumular mais de R$ 1.000.000,00 com esse pequeno valor mensal. Caso decida parar de investir quando isso ocorrer, mantendo esse dinheiro rendendo à mesma taxa média, todos os meses você poderá gastar R$ 15.000,00, que representam 1,5% de R$ 1.000.000,00. Isso é conhecido como "a mágica dos juros compostos", mas é matemática básica, que pode colocá-lo no caminho da riqueza quando utilizada a seu favor.

PREVIDÊNCIA PRIVADA: CUIDADOS A SEREM TOMADOS

6

Se você espera contar apenas com a previdência social – INSS quando decidir reduzir seu ritmo de trabalho, poderá ficar desamparado. Você vai ficar velho. Eu também. Não haverá como manter um alto ritmo de trabalho, como o mercado atual exige, para sempre. Caso você seja funcionário público, não pense que a regra da aposentadoria integral nunca será alterada. Se você não realizar hoje algo diferente da maioria das pessoas com o seu dinheiro, precisará depender de seus parentes ou de caridade no futuro. Analise a vida das famílias que você conhece, que se aposentaram nos últimos 10 anos. Se fizer as mesmas coisas ao longo da sua vida, obterá os mesmos resultados.

A previdência privada é um investimento que pode ser feito por você, independentemente de sua renda ou classe social. Qualquer pessoa pode atingir a independência financeira com um plano de previdência privada. Você pode ter uma aposentadoria digna se contratar uma previdência privada. Mas precisa ter cuidados! Todos os planos de previdência privada são fornecidos por seguradoras. Estas não podem decretar falência nem concordata. São fiscalizadas pela SUSEP (Superintendência de Seguros Privados). Isso significa que um investimento em previdência privada é garantido, não importando se a seguradora escolhida é privada ou vinculada ao governo.

A diferença entre acumular um milhão de reais para você e dividir quase metade dele com a sua seguradora é explicada basicamente por três taxas: carregamento, administração e rendimento. A taxa de carregamento é mensal, descontada de cada investimento feito por você. A taxa de administração é anual, descontada do capital total acumulado pelo seu plano. A taxa de rendimento representa os juros que você recebe no investimento. Um grande problema é que essas taxas não são devidamente explicitadas pela maioria das instituições financeiras.

Se você já investe em previdência privada, saberia dizer quais são as taxas de carregamento e administração do seu plano? Se ainda não investe, não deve perder tempo. Todos os planos registrados são garantidos. No momento da adesão você escolherá familiares que poderão resgatar seus recursos caso algo inesperado ocorra durante o período. Se você não tiver dinheiro sobrando para um investimento mensal, a primeira tarefa é organizar suas finanças, anotando todas as suas entradas e saídas de dinheiro diariamente. Se estiver decidido a iniciar um plano de previdência privada, deve escolher um que não lhe cobre taxa de carregamento e cobre no máximo 2,5% de taxa de administração. Além disso, deve pesquisar a *performance* do plano nos últimos cinco anos, para analisar a capacidade da seguradora de administrar os recursos investidos.

Pague primeiro a você!
7

Existem vários tipos de investimentos no mercado. Alguns têm retorno garantido, outros não. Um investimento pode gerar retorno financeiro, emocional, material, de conhecimento etc. Mas como criar a consciência de investir seu dinheiro? Primeiramente, deve-se atentar para o fato de que a maioria das pessoas nunca paga a si próprio. De forma geral, o hábito de usar o dinheiro que as pessoas recebem segue o padrão "primeiro pagarei as contas e, se sobrar, tentarei guardar". Este é um grande erro, que costuma destruir os futuros financeiros das famílias. Se você tem esse hábito, infelizmente nunca lhe sobrará dinheiro, independentemente do tamanho da sua renda.

Após passar um mês trabalhando, se você é empregado, ou ter concluído uma tarefa, se você é empresário, chega o momento de receber uma recompensa financeira. Muito bem, você executou um trabalho e merece receber pelo feito. Mas o que fazer agora com esse dinheiro? Quem executou o trabalho? Você! Portanto, primeiro pague a você! Para ter o dinheiro, você foi o ser mais valioso. Você é o ser mais importante para todas as suas atividades! Sempre que receber dinheiro, pague primeiro a você, depois aos seus credores. Você precisa investir. Mas, logicamente, não deve se esquecer de seus credores. Sempre é possível negociar as suas dívidas caso as tenha.

Você precisa entender que, se esperar sobrar para investir, nunca investirá! Você não necessita de grandes quantidades de dinheiro para iniciar um investimento. Se ainda não investe, mude seus hábitos com urgência. No longo prazo, essa atitude será definitiva em relação à conquista da sua independência financeira. Suas prioridades irão mudar com as circunstâncias. Em alguns momentos, você precisará comprar presentes para uma pessoa conhecida, porque será convidado para o casamento ou formatura dela, por exemplo. No entanto, se você criar o hábito de investir em uma aplicação programada mensalmente, o fato citado acima não o impedirá de pagar a si mesmo também nessas circunstâncias.

A explicação é simples. Em vez de focar suas despesas para descobrir quanto pode investir, você decide primeiro quanto investir para depois ajustar seus hábitos de consumo ao dinheiro que sobrou. Enquanto você pensar em um dia pagar a si mesmo, infelizmente esse dia estará sempre no futuro. E talvez você perceba isso apenas quando estiver aposentado pelo INSS, tendo de continuar trabalhando para conseguir sobreviver. Portanto, não perca mais tempo! Pague primeiro a você!

Investimentos inteligentes
8

Existem diversos investimentos inteligentes e importantes para serem feitos ao longo da vida. Mas o que pode ser considerado um investimento inteligente? Um seguro ou plano de saúde é um investimento inteligente. Segundo o Ministério da Saúde, o custo médio diário por leito de UTI na rede pública em 2012 era de R$ 2.500,00. Se você precisar utilizar um leito de UTI, mas não conseguir na rede pública nem tiver um seguro-saúde, precisará desembolsar essa quantia diariamente. Se não tiver o dinheiro para pagar naquele momento, poderá falecer. Esse é apenas um exemplo que confirma o fato de um seguro-saúde ser um investimento inteligente.

O seguro de um carro é um investimento inteligente. Se você possui um carro que vale R$ 20.000,00, por exemplo, pagará aproximadamente R$ 1.000,00 pelo seguro anualmente. Caso o carro seja roubado, você investiu R$ 1.000,00 e receberá R$ 20.000,00. Se não tiver seguro, perderá R$ 20.000,00. O seguro de uma casa também é um investimento inteligente. Em geral, esse tipo de seguro costuma ser muito mais barato proporcionalmente ao valor segurado. Entretanto, uma leitura atenta das informações contidas na apólice sempre é importante.

Um seguro de vida é um investimento muito mais importante do que os citados anteriormente. Provavelmente, você se lembrou agora do gerente do seu banco tentando lhe vender esse seguro em troca de algo. No entanto, geralmente as pessoas investem em seguros de carro e casa, mas não em seguro de vida. Por que o seguro de vida é o mais importante? Tenho duas notícias para lhe dar, uma boa e outra ruim. A boa é que você vai morrer! A ruim é que você não sabe o dia em que isso vai ocorrer! Então, se você tem companheiro(a), filhos, pai, mãe ou outro alguém que ama e com quem vive junto, precisa de um seguro de vida, porque ele fornece segurança financeira para você e sua família. Mesmo que tenha apenas uma pessoa que ama, você precisa disso.

Se a sua renda é importante dentro da sua casa, como ficarão os que vivem com você caso venha a faltar? Se tem filhos sem idade para trabalhar, como viverão caso você falte? Algumas pessoas acreditam que, possuindo vários bens, sua família estará tranquila. Uma apólice de seguro de vida representa dinheiro transferido na conta dos beneficiários sem haver desconto de imposto de renda nem inventário. Caso você venha a faltar e possua diversos bens, com que renda a sua família viverá enquanto não conseguir vendê-los? Como ficarão as pessoas que você ama?

Além de assegurar a sua vida, um bom seguro de vida deve fornecer cobertura para morte natural e acidental, seguro funeral, invalidez permanente parcial e total. Isso significa que você também poderá utilizar esse seguro durante a sua vida. Se já tem seguro de vida, analise sua apólice com cuidado e certifique-se de que tudo que foi citado acima está incluso. É isso que garante segurança financeira para você e sua família! Não tenha dúvida de que precisa disso para trilhar o caminho da riqueza. Caso ainda não esteja fazendo investimentos inteligentes, não perca tempo.

Quanto custa um filho?
9

Um filho mudará sua vida para sempre. Se ao ler a frase anterior você pensou nessa mudança como algo ruim, ainda não entende o amor. Mas, se pensou nessa mudança como algo bom, além de entender o amor, você tem consciência de que um filho também tem um custo financeiro. Você sabe quanto custa um filho? Se está pensando em ter um filho, é importante se programar financeiramente. Uma situação financeira difícil pode comprometer a relação de um casal drasticamente com a chegada do bebê. Se isso ocorrer, infelizmente seu entendimento relacionado ao amor poderá perder-se nesse processo. Não saber o custo financeiro de um filho o impedirá de desfrutar de momentos que não têm preço no convívio com ele.

Planejar a vinda de um filho é imprescindível! Neste sentido, dois passos são fundamentais financeiramente nesse planejamento: ter um plano de saúde e uma reserva de dinheiro para eventuais imprevistos. Quando um casal decide ter um filho, um novo mundo se inicia. São sensações maravilhosas, mas precisam de acompanhamento médico e de exames contínuos. O ideal é que a mulher faça vários exames para verificar sua saúde e prepare seu organismo para gerar a criança. Durante a gravidez, é extremamente importante que a mãe faça o pré-natal, em que várias consultas e exames são realizados. Logicamente, esses procedimentos envolvem custos. Também há outros gastos que precisam entrar para a lista, como o enxoval e o quarto do bebê.

Pesquisas divulgaram que o custo de um filho do nascimento até atingir os 18 anos é de 160 mil dólares, sem considerar gastos com cursos universitários. Se nunca pensou financeiramente nisso, tenha consciência de que não é o melhor momento para você ter um filho. Esses momentos mágicos não podem ter seu foco desviado por preocupações financeiras. Despesas relacionadas a fraldas, medicamentos, leite diferenciado, creche e transporte poderão ocorrer. Dependendo da renda do casal, esses custos podem inviabilizar o trabalho de um dos pais. Se a soma das despesas relacionadas com leites especiais, transporte e creche, por exemplo, for maior ou muito próxima da renda do pai ou da mãe, não será vantajoso para a família que uma dessas pessoas continue trabalhando fora de casa. Todos esses fatos precisam ser considerados.

Aos olhos de uma criança, o pai e a mãe estão logo abaixo de Deus. Um filho é um presente de Deus. Quanto custa ter olhares de Deus todos os dias? Sentir mais amor do que seu coração pode suportar? Ter uma mão babada ou suja de chocolate para segurar? Ter alguém que faça você rir como bobo, esquecendo-se do resto do mundo? Você seria capaz de dizer qual é o preço de fazer alguém feliz simplesmente por ler a história da Babu ou do Ursinho Pooh? Qual será o preço de ser testemunha dos primeiros passos e das primeiras palavras, daquele sorriso meigo e de um abraço apertado? Tudo isso não tem preço se você entender quanto custa um filho! Essas sensações o fazem entender o amor e conduzem você para o caminho da riqueza. Não tenha dúvida disso!

Pensamentos e sentimentos da riqueza

10

Para acessar o caminho da riqueza, você precisa entender melhor os seus pensamentos e sentimentos. Isso não é uma tarefa simples, pois envolve mudanças de hábitos rotineiros. Você precisa tomar uma decisão muito importante: sentir-se bem sempre! Se decidir estar sempre bem consigo, começará a identificar os momentos em que isso não estiver ocorrendo e passará a mudá-los por meio dos seus pensamentos e sentimentos. Como você está se sentindo agora? Se estiver bem, continue assim! Se estiver se sentido mal, saiba que pode mudar essa sensação em um instante! Pense em algo bonito, de que você gosta, ou numa lembrança boa. Que tal pensar em um bebê? Talvez tenha um filho ou uma filha que você ame. Como se sente quando pensa nessa criatura?

Se você ama alguém, quando se lembrar de cenas que o emocionaram positivamente no convívio com essa pessoa, certamente conseguirá mudar a forma como se sente, passando a ter sentimentos bons. Sentimentos de amor por aquela criatura que é o maior milagre da natureza, assim como você. E então se sentirá imensamente bem, por causa do amor que está emanando de si mesmo. São sensações como essas que direcionam você ao caminho da riqueza. Enquanto você não entender e praticar o amor, nada do que deseja acontecerá na sua vida. Mas, a partir do momento em que olhar as coisas com mais amor, você renascerá. Tudo o que você conhece tem um motivo para ser amado. Tudo. Se olhar um problema com amor, você o resolverá e crescerá internamente.

O livro "Os Segredos da Mente Milionária" descreve o processo que determina nossos resultados financeiros como: P à P à S à A à R. Significa que sua Programação mental (hábitos adquiridos ao longo da vida) produz Pensamentos, que originam Sentimentos, que determinam suas

Ações, que produzem seus Resultados. Isso sempre ocorreu com você, não apenas financeiramente, mas em todas as áreas da sua vida. Então, é necessário analisar seus resultados em todas as áreas que você considera importantes. Se não estiver satisfeito com algum deles, é necessário mudar primeiro sua Programação mental relativa a ele. Seus resultados são os frutos que você mesmo produziu. Para alterar seus frutos, primeiro é preciso mudar suas raízes.

O livro "O Segredo" explica esse mesmo processo de uma forma mais direta. Seus pensamentos produzem sentimentos. Como é bastante difícil controlar todos os seus pensamentos, existe uma alternativa mais fácil: monitorar seus sentimentos. Quando perceber que tem sentimentos ruins, como tristeza, ansiedade, medo, raiva etc., pense em algo que o emocione positivamente. Com isso, voltará a se sentir bem. Quanto mais você se sentir bem, mais atrairá novos eventos e circunstâncias que provocarão essas sensações com mais frequência. E esse processo é essencial para você entrar no caminho da riqueza.

O QUE FAZER PARA ATRAIR O DINHEIRO?

11

Você tem um grande poder dentro de si que geralmente ignora ou conhece pouco. Esse poder está totalmente vinculado ao seu cérebro e lhe foi concedido no momento em que você nasceu. Envolve grande quantidade de energia e pode ser usado para praticar tanto o bem quanto o mal. Você pode atrair o dinheiro por meio da utilização desse poder. Pode utilizá-lo a seu favor sem prejudicar outras pessoas. Para isso, primeiramente deve entender que existe mais dinheiro no mundo do que o suficiente para você e todas as pessoas. O dinheiro, ou a falta dele, é apenas uma consequência das suas ações.

Napoleon Hill, autor do livro "Quem Pensa Enriquece", pesquisou a vida de milionários durante 25 anos. Um dos fatos curiosos destacados nesse livro é que todas as pessoas pesquisadas que acumularam verdadeiras fortunas enfrentaram problemas inimagináveis ao longo da vida. Além disso, com raras exceções, conseguiram seus grandes feitos após os 40 anos de idade, sendo alguns após os 60. Esse fato serve apenas para que perceba que a sua idade não é relevante para atrair mais dinheiro. Você pode conquistar qualquer quantia de dinheiro que desejar, mas precisa estar disposto a mudar algo do que faz.

Para atrair o dinheiro, independentemente se você é empregado ou possui um negócio próprio, adote o hábito indicado nos livros de Napoleon Hill e "O Segredo". Passe a utilizar a Lei da Atração. Escreva exatamente a quantia de dinheiro que deseja receber, em um papel, estipulando dia, mês e ano para isso acontecer. As informações escritas precisam ser plausíveis para você. Escreva uma quantia que você não conseguiria receber apenas com o que faz atualmente. Quando isso acontecer, precisa ficar claro que ocorreu exclusivamente porque você realizou esta tarefa. Poderia escrever algo como: Muito obrigado por eu e minha família recebermos R$ 100.000,00, de forma inesperada até dia/mês/ano. Leia o que escreveu todos os dias, em silêncio, preferencialmente antes de dormir. Imagine-se com aquela quantia, como se já a possuísse.

Agradeça ao Universo (Deus) por isso, do fundo do seu coração. Imagine-se utilizando aquele dinheiro da melhor forma possível. Como seria a sua vida com esse acontecimento? Pense sobre isso e sinta essa emoção durante pelo menos 5 minutos. É preciso que haja um sentimento de felicidade envolvido. Não pense no que você precisa fazer para aquilo acontecer. Isso é muito importante! Apenas faça, acreditando que seja possível. O Universo lhe mostrará o caminho mais curto para que isso ocorra na sua vida. Se, após algum tempo, a sua mente ouvir "faça tal coisa", como se alguém houvesse soprado algo a você, pode ser exatamente o que será necessário fazer para conquistar o seu desejo. Mantenha-se atento! Quando essa informação chegar a você, aja! Praticando esse hábito diariamente, permanecendo atento às oportunidades que surgem e agindo para aproveitá-las, você atrairá todo o dinheiro de que precisa; atrairá o caminho da riqueza!

O QUE FAZER PARA MUDAR SEUS RESULTADOS FINANCEIROS

12

Caso esteja decidido a mudar definitivamente seus resultados financeiros para melhor, você precisa descobrir ou desenvolver algo que facilite ou melhore a vida de outras pessoas, produzir ou representar um produto ou serviço que agregue valor à vida de outras pessoas. Não existe forma de resolver definitivamente seus problemas financeiros sem envolver outras pessoas. Você poderá conquistar tudo o que deseja se estiver disposto a ajudar outras pessoas a conquistar o que elas desejam.

Quanto maior o número de pessoas que desfrutarem de algo de valor que partiu de você, maior será o seu resultado financeiro. As exceções a essa regra são raras. Você precisa entender isso! No entanto, se deseja ignorar esse fato, contente-se em trabalhar no que faz hoje, sem reclamar. Mas lembre-se de que Deus lhe concedeu o poder de fazer diferença na sua própria vida e na de outras pessoas.

Se você tem um emprego e está insatisfeito financeiramente, precisa pensar em desenvolver outra atividade paralelamente. Um emprego o remunera apenas pelo tempo que você dedica e aceitou vender por um salário. Arrumar outro emprego não é interessante, porque você precisa também preservar a sua saúde e conviver com a sua família. Estudar apenas para concluir um curso e ter um diploma não vai ajudar você nesse assunto. Se olhar à sua volta, encontrará várias pessoas instruídas, porém financeiramente necessitadas.

Para resolver definitivamente seus problemas financeiros, você precisa desenvolver algo que possa lhe render dinheiro pelo seu próprio empenho e desempenho, e não apenas pelo tempo que você dedica. Para começar, precisa utilizar o seu tempo vago a seu favor, sair da sua zona de conforto.

Se realmente deseja resolver seus problemas financeiros ou aumentar a sua renda, mas não tem uma ideia definida para começar, uma boa opção é associar-se a um clube de serviços financeiros. Já existe há muitos anos, no Brasil, opção para investimento em formato de Associação Interativa de Investidores, investimento de baixo custo mensal, adaptado a todas as rendas, em formato de franquia. Você desfruta de um pacote de benefícios financeiros que custam muito menos que no mercado tradicional. E isso se explica pelo fato de os serviços serem contratados para um grande número de pessoas. Esses benefícios garantem total segurança financeira a você e à sua família.

Somado a isso, o investimento lhe possibilita obter rendas ilimitadas, por meio do compartilhamento das informações sobre os serviços financeiros com outras pessoas. Você já tem o hábito de compartilhar informações. A grande diferença consiste no fato de que a possibilidade de mudar o futuro financeiro de outras pessoas poderá resultar em retorno financeiro para você. Não tenha dúvida de que esta é uma ótima opção para aumentar sua renda sem deixar de lado suas tarefas executadas atualmente. Se você aceitar esses fatos e agir considerando essas informações, inevitavelmente será conduzido ao caminho da riqueza.

Como funciona o marketing de rede ou marketing multinível?

13

Se você está ouvindo pela primeira vez a expressão "Marketing de Rede" ou "Marketing Multinível", certamente algumas dúvidas surgiram em sua mente em relação ao que vem a ser isso exatamente. Neste sentido, este capítulo tem como objetivo dar esclarecimentos ao que vem a ser esse negócio fabuloso, chamado também de "O negócio do século XXI".

O mercado tradicional nos disponibiliza diversos produtos e serviços. Se uma pessoa deseja adquirir um produto ou serviço, precisa estabelecer um relacionamento com uma empresa que o forneça; precisa comprar o produto ou contratar o serviço. Nessa compra ou contratação, estão embutidos todos os impostos, mais o lucro de várias empresas, que são chamadas de atravessadoras.

Como exemplo de serviço, um seguro de vida é fornecido por uma empresa. Um corretor de seguros pode fornecer esse mesmo serviço para as pessoas. Ele "atravessa" a negociação direta que poderia ser feita entre uma pessoa e a empresa fornecedora. Para realizar este trabalho, cada seguro contratado, vendido pelo corretor, terá embutido em seu valor final o lucro da empresa fornecedora e do corretor, bem como os impostos que ambos precisarão pagar. A pessoa que contrata é quem paga por tudo isso. Nessas despesas das empresas, todos os custos de *marketing* também estão inclusos.

De forma semelhante, a indústria produz um produto, que geralmente é retirado por um distribuidor, que geralmente passa para um atacadista, que repassa para o varejo, que finalmente chega ao consumidor final. Neste sentido, a pessoa que compra o produto na loja paga os lucros e impostos da indústria e de todos os atravessadores, representados no exemplo acima pelos distribuidores, atacadistas e varejistas. Isso aumenta bastante o custo daquele produto para o consumidor final.

O *marketing* de rede, que também é conhecido como *marketing* multinível, simplifica a forma como isso ocorre. Uma empresa, legalmente constituída, que deve ter "*Marketing* Direto" nas suas atividades registradas no CNPJ brasileiro ou estar associada à ABEVD (Associação Brasileira de Vendas Diretas), fornece um produto ou serviço. No exemplo do seguro, esse serviço é fornecido diretamente a uma pessoa, com a condição de que ele deve associar-se à empresa. Essa associação é firmada em contrato, registrado em todos os órgãos fiscalizadores.

Para manter a associação, um valor mensal precisa ser investido quando se tratar de serviços. Caso se trate de produtos, uma cota mensal de vendas precisa ser feita. É preciso ressaltar, aqui, que um verdadeiro negócio de marketing de rede ou multinível *sempre* exige investimento e/ou vendas *mensalmente*. É isso que mantém as redes e rendas ativas. Como o serviço foi contratado pela empresa para um grande número de pessoas, seus custos ficam reduzidos. No caso dos produtos, geralmente o fato de não existirem atravessadores também os torna mais baratos para o consumidor final.

No entanto, a principal diferença é que o associado pode fazer o *marketing* do que ele tem como benefício por ser associado e receber para isso. Cada novo associado conquistado pela própria pessoa rende um percentual para ele. Desta forma, não há atravessadores, e a empresa paga as bonificações diretamente aos associados que fazem o *marketing*. O serviço chega às pessoas através dos associados, e o produto, também.

Conforme isso ocorre, uma rede de pessoas é constituída. Com o tempo, além de poder conquistar o serviço de seguro gratuitamente, o associado pode formar uma grande organização, que poderá crescer e produzir rendas residuais mensais, que apenas grandes empresários e altos executivos conseguem. O seguro citado foi apenas um exemplo de serviço. Caso se trate de produtos, o mesmo ocorre com as vendas efetuadas pelas pessoas e seus associados.

Outras características do *marketing* de rede ou multinível que merecem destaque são: baixo investimento, baixa necessidade de conhecimento ou capacitação, ganhos residuais pelo empenho e desempenho, possibilidade de ganhos grandiosos com desenvolvimento de liderança e grupo de negócios, além de treinamento recebido da empresa e de seus associados duplicadores, apor meio de materiais impressos e treinamentos presenciais. É importante ressaltar que o *marketing* de rede ou multinível não tem relacionamento com organizações religiosas ou quaisquer grupos fechados.

Todas as pessoas podem associar-se a uma empresa de *marketing* de rede ou multinível, seguir suas regras e gozar de seus benefícios, mas a obtenção de rendas residuais com o negócio exige dedicação e esforço. Não é obtida facilmente, pois não se trata de dinheiro fácil! Para atingir o sucesso, é preciso pagar o preço! Não tenha dúvida de que esse tipo de investimento pode mudar sua vida para melhor e conduzi-lo ao caminho da riqueza.

POR QUE O MARKETING DE REDE OU MULTINÍVEL É RECOMENDADO?

14

O caminho da riqueza significa viver um estado de completa felicidade nas áreas espiritual, familiar e financeira, nessa ordem. Não é possível conquistar esse nível de um dia para outro. Para que isso seja possível, é preciso controlar a ansiedade e trabalhar o sucesso de longo prazo, que envolve sua educação, vivência e caráter.

A maioria das instituições de ensino prepara as pessoas para serem empregados e autônomos. Isso **é excelente se essas pessoas** querem passar o resto de suas vidas trabalhando como empregados ou autônomos. Muitos cursos de administração treinam seus alunos para empregos que recebem altos salários no mundo empresarial, também para trabalharem como empregados. Mas, se você estiver atuando como empregado ou autônomo e não estiver satisfeito, o que precisa fazer para mudar? Onde poderá encontrar a oportunidade de obter conhecimento e treinamento prático na área dos negócios?

O *marketing* de rede ou multinível é um sistema de *marketing* caracterizado pela formação de uma rede de pessoas associadas que movimentam produtos ou serviços. Robert Kiyosaki e Donald J. Trump são dois bilionários que escreveram juntos o livro "Nós queremos que você fique rico". Ambos declaram que, na primeira vez em que ouviram falar do *marketing* de rede, eram contra a atividade. No entanto, depois de ampliarem seus conhecimentos, começaram a enxergar as vantagens que poucas outras oportunidades de negócio oferecem. Foi exatamente isso que ocorreu também com o autor deste livro que você está lendo.

Kiyosaki, que também é autor da série de livros "Pai Rico Pai Pobre", escreveu um livro completo sobre o assunto cujo título é "O negócio do século XXI". Kiyosaki e Trump recomendam o *marketing* de rede para as pessoas que querem mudar suas vidas verdadeiramente. Sugerem que as pessoas adquiram as habilidades e atitudes necessárias para crescerem no mundo dos negócios por meio do *marketing* de rede.

Uma verdadeira empresa de *marketing* de rede investe tempo na sua educação, em seu desenvolvimento pessoal, e o incentiva a trabalhar com seu próprio negócio, recebendo pelo seu empenho e desempenho. Além dos autores citados acima, várias outras pessoas que têm muito sucesso e são conhecidas mundialmente indicam esse tipo de negócio. Dentre eles podem-se citar Warren Buffett, T. Harv Eker, Roberto Shinyashiki, Lair Ribeiro etc.

Os principais motivos que podem lhe interessar em relação ao *marketing* de rede são: 1) você pode contar com o trabalho de uma equipe de pessoas; 2) você é dono de um sistema pronto, testado, aprovado e protegido; 3) a empresa permite que você desenvolva seu estilo pessoal e seus talentos; 4) seu negócio e a empresa podem crescer infinitamente; 5) pode prever a sua renda se fizer o que se espera de você; 6) se for bem-sucedido e continuar a expandir seus negócios, sua renda aumentará com o seu sucesso; 7) o negócio é projetado para levá-lo ao topo, não para mantê-lo na base; 8) a empresa não é bem-sucedida, a não ser que eleve seus associados ao topo; 9) as empresas são pacientes, investem nas pessoas, mesmo que ainda não sejam bem-sucedidas. No Brasil, existe *marketing* de rede na área de serviços financeiros e de produtos há vários anos, mas é preciso saber identificar os negócios legítimos. Não existe negócio de *marketing* de rede ou multinível que permita enriquecer em pouco tempo e com pouco ou nenhum esforço. Mas será que esse tipo de negócio pode levá-lo ao caminho da riqueza? Não tenha dúvida disso!

Você é um vendedor?
15

De forma geral, as pessoas costumam pensar que, se não trabalham diariamente com vendas, não são vendedoras. Entretanto, independentemente da atividade que desenvolve, você é um vendedor. Todos nós somos vendedores! Se você trabalha para alguém, está vendendo seu tempo. Caso trabalhe para si, também. Mas, afinal, quanto vale o tempo que você vende?

As pessoas que trabalham como empregados vendem seu tempo, conhecimento e esforço físico para uma empresa/instituição e o governo. Quando um emprego é disponibilizado, o tempo diário da vida de uma pessoa precisa ser comprado. O valor financeiro com que a empresa/instituição está disposta a remunerar a pessoa já está definido. Quando ela aceita a vaga, concorda com tudo, firmando um contrato de venda do seu tempo, conhecimento e esforços para a parte contratante. A partir desse momento, outras pessoas e o governo passam a ter controle sobre a sua vida, por tempo indeterminado.

A pessoa aceita que outras pessoas definam que horas ela deve acordar, quando pode almoçar e em que momento voltará para casa, bem como quando deve gozar férias e quanto dinheiro deve receber, uma vez por mês, pela venda do seu tempo, conhecimento e esforços. Portanto, quem trabalha como empregado é um vendedor! Essa venda é fácil de fazer, e isso explica o fato de a maioria das pessoas trabalhar dessa forma.

As pessoas que têm seus próprios negócios, de forma geral, vendem produtos ou serviços que demandaram investimento de tempo, dinheiro, esforço físico e mental, para trabalhar ideias e desenvolvê-las. Esses produtos ou serviços geralmente são desenvolvidos para facilitar a vida de outras pessoas. Por esse motivo, serão comprados e comercializados por outras pessoas. Além disso, o negócio criado precisa ser vendido também para pessoas que trabalharão para ampliá-lo, que são os empregados, os parceiros e os demais colaboradores.

Com o passar do tempo, os donos de seus próprios negócios, que persistem até que estes prosperem, diminuem a quantidade de tempo vendido e aumentam o preço cobrado por ele. Projetam uma situação em que sua presença diária vai se tornando desnecessária para os próprios negócios. Continuam seus trabalhos, e essa projeção se realiza. Então chega o momento em que é possível trabalhar menos, enquanto os rendimentos continuam crescendo. Logicamente, essas vendas são mais difíceis de fazer, e isso explica o fato de as pessoas que trabalham dessa forma serem minoria, aproximadamente 1% da população mundial.

Conclui-se que as pessoas dispostas a fazer apenas o que é fácil durante muito tempo têm uma vida mais difícil. As pessoas que se dispuserem a fazer algo difícil durante pouco tempo têm uma vida mais fácil. Afinal, o que é fácil todo mundo faz. Mas poucos estão dispostos a fazer aquilo que é considerado difícil no julgamento da maioria das pessoas.

Por isso, aceitar um emprego e se submeter a ele é uma venda fácil, enquanto desenvolver/vender um produto ou serviço é considerado difícil por algumas pessoas. O mundo precisa de empregados e donos de negócios. No entanto, os obstáculos que levam ao caminho da riqueza são vencidos apenas pelas pessoas que valorizam o seu tempo e seus esforços. Não tenha dúvida disso!

A MENOS DE UM METRO DO CAMINHO DA RIQUEZA
16

Por diversas vezes, você leu neste livro que riqueza não significa apenas ter mais dinheiro que o suficiente. O caminho da riqueza significa conquistar a felicidade em todas as áreas da vida. Logicamente, o dinheiro representa uma dessas áreas. Contudo, nenhuma pessoa pode conquistar o caminho da riqueza sem desenvolver e aprimorar sua persistência. Sem persistência não há relacionamento, negócio, nada que possa progredir. Para entender melhor a importância da persistência na conquista do caminho da riqueza, analise a história que se inicia no próximo parágrafo.

O hábito de abandonar tudo quando se é atingido por uma derrota temporária é uma das causas mais comuns de fracasso. Todo mundo comete esse erro, uma vez ou outra. Na época da corrida para o Oeste americano, R.U. Darby foi tomado pela "febre do ouro" e partiu, decidido a cavar e enriquecer. Ele nunca ouvira dizer que o cérebro humano já produziu mais ouro do que foi extraído do solo. Demarcou um pedaço de terra e, munido de picareta e pá, entregou-se ao trabalho. Seriam tempos difíceis, mas sua "febre de ouro" era indiscutível. Após semanas de trabalho, foi recompensado pela descoberta do minério brilhante.

Precisava de máquinas para trazer o ouro à superfície. Sem chamar muita atenção, escondeu a entrada da mina, voltou para casa, em Williamsburg, Maryland, e contou à família e a alguns vizinhos sobre o seu "achado". Eles se juntaram e conseguiram o dinheiro suficiente para a compra e o transporte da maquinaria necessária. Então, Darby e seu tio voltaram à mina. O primeiro vagão de minério foi extraído e enviado a uma fundição. Os resultados comprovaram que aquela era uma das mais ricas minas do Colorado! Mais alguns vagões, e todas as dívidas seriam pagas. Viria então o grande sucesso financeiro.

À medida que a perfuração se aprofundava, as esperanças de Darby e seu tio chegavam às alturas! Foi quando algo aconteceu. O veio de ouro desapareceu. Chegaram ao fim do arco-íris, e o pote de ouro não estava mais lá! Perfuraram desesperadamente, tentando reencontrar o filão, mas foi tudo em vão. Finalmente, decidiram desistir. Venderam a maquinaria para um comerciante de ferro-velho por algumas centenas de dólares e tomaram o trem para a casa. Mas aquele comerciante de ferro-velho não era bobo!

Chamou um engenheiro de minas para avaliar o local da escavação e fazer alguns cálculos. O engenheiro explicou que o projeto havia falhado porque os proprietários não tinham familiaridade com as linhas da falha geológica, que são fraturas na continuidade de uma formação rochosa causadas por deslocamentos da terra. Os cálculos mostraram que o veio seria encontrado a menos de um metro de onde os Darby haviam parado de perfurar! Ele estava exatamente lá! O proprietário do ferro-velho tirou da mina milhões de dólares em minério porque foi sábio o bastante para procurar o conselho de um especialista antes de desistir.

Ninguém está livre de sofrer derrotas temporárias e fracassos antes de alcançar o sucesso e a riqueza. Nesses casos, a reação mais comum é desistir. Infelizmente, é o que a maioria das pessoas faz. Na história acima, que é citada no livro "Quem pensa enriquece", de Napoleon Hill, Darby não manteve um estado de crença, não desenvolveu sua persistência nem teve fé suficiente para manter seu foco até encontrar aquilo que desejava.

Se você está decidido a conquistar a riqueza, precisa desenvolver e aprimorar sua persistência e fé. Precisa continuar cavando até conquistar o seu foco. Precisa persistir até alcançar êxito, porque o sucesso pode esconder-se um metro adiante. E você jamais saberá a que distância está se não cavar mais um metro, e mais outro e mais outro. Somente desta forma você evitará desistir a menos de um metro do caminho da riqueza.

Os milionários do mundo
17

Anualmente, resultados de pesquisas são divulgados sobre o número de milionários existentes em todo o mundo. De forma geral, são consideradas milionárias as pessoas que possuem mais de 1 milhão de dólares disponíveis para investimento. Isso significa que não são contabilizados valores de imóveis, carros, artigos de colecionadores etc. Logicamente, esses resultados sempre são influenciados pelos acontecimentos econômicos dos países em que as pessoas pesquisadas vivem.

No Brasil, em 2011, o número de milionários divulgado pelas pesquisas foi de 165 mil, sendo que em 2010 havia 155 mil. Considerando a população do Brasil em 2011 como 190 milhões de habitantes, 165 mil pessoas representam 0,086%. Ou seja, mesmo com o acréscimo de 10 mil novos brasileiros ao grupo, o total de milionários ainda representa menos de 0,1% da população. Vale a pena ler o percentual da frase anterior novamente. Aproximadamente 96% de todo o dinheiro existente no Brasil está com essas pessoas. Os 4% do dinheiro restante está com 99,9% das pessoas.

Entretanto, todas as pessoas nasceram para ter sucesso. O seu nascimento é a primeira prova concreta disso. O ser humano é o maior milagre da natureza. Olhe para si e reflita sobre isso. Você é o maior milagre da natureza! Pode ser, fazer e ter tudo o que quiser sem prejudicar outras pessoas. Ter sucesso pode significar várias coisas diferentes para as pessoas. Mas todo sucesso envolve o caminho da riqueza.

Tratando de sucesso financeiro, infelizmente a maioria das pessoas não pensa que pode atingi-lo. Os resultados da pesquisa citada acima nos permitem entender melhor o motivo. As pessoas olham ao seu redor, e 99,9% das pessoas que elas veem não são milionárias. Por causa disso, acabam pensando que isso é algo natural, deixando-se levar pela multidão e aceitando as mesmas situações para a sua vida.

Entretanto, todas as pessoas podem ser milionárias. Para isso ser possível, no entanto, é necessário mudar o que você visualiza. Mesmo estando diariamente em locais e situações que não remetem seus pensamentos para situações de riqueza, você pode visualizá-las. O que você consegue ver dentro da sua mente pode ter nas suas mãos. Pode viver. Se, ao andar pela rua, você observar apenas a depressão das pessoas, você também a terá.

Se, em contrapartida, conseguir visualizar a felicidade, pessoas que se amam, com abundância de tudo o que é necessário para viver, é o que você terá e viverá. O que prefere pensar e visualizar para si? Sua resposta a esta pergunta determina quem você é, o que pensa e aquilo que possui. O caminho da riqueza se inicia dentro de você. Primeiro, dentro da sua mente; depois, dentro do seu coração. Para saber o resultado do que ocorreu na sua mente e em seu coração até agora, basta olhar para si hoje. Você pode ser um milionário do mundo ou qualquer outra coisa que quiser! Não tenha dúvida disso!

Renda multiplicada por 100 em três meses
18

Nada acontece por acaso na vida das pessoas. Você atrai tudo o que ocorre na sua vida, seja algo bom, seja algo ruim. Cada tarefa que faz só é realizada porque existe um motivo. Para acessar a estrada que leva ao caminho da riqueza, você precisa encontrar o seu motivo. Você precisa pensar nisso com frequência para atrair a sua oportunidade. Mantendo a mente aberta, conseguirá identificá-la. Quando ela chegar, precisará tomar a atitude correta e recebê-la. Analise a história real a partir do próximo parágrafo.

José Maria residia no Nordeste brasileiro. Era casado com Josefa há 10 anos e tinha dois filhos. Pelo fato de gostar muito das artes marciais, montou a própria academia. Seus clientes eram alunos das escolas do ensino primário local. Por isso, os inícios e finais de ano eram épocas difíceis, pois seus alunos estavam de férias da escola tradicional e, em momentos de crise, a academia era o primeiro corte em seus orçamentos.

Em algumas épocas, essas dificuldades aumentavam, impedindo José Maria de adquirir materiais básicos para o sustento da sua família. Essas dificuldades o fizeram pedir ao Universo (Deus) uma oportunidade melhor para crescer em todas as áreas de sua vida. Após algum tempo, uma oportunidade chegou. Seu pedido fora atendido, e ele "agarrou" o novo negócio. Pouco tempo depois, percebeu que poderia melhorar definitivamente a situação financeira, emocional e espiritual da família com o desenvolvimento daquele negócio.

Entretanto, ao mesmo tempo, notou que precisaria trabalhar mais. Teria de ajudar outras pessoas a crescerem e se desenvolverem, além de a oportunidade não permitir atingir a renda esperada rapidamente.

Por isso, teria de usar seu tempo vago para desenvolvê-la, paralelamente à sua atividade na academia. Então, José Maria desistiu do negócio e passou a manter-se novamente apenas como professor de artes marciais.

As dificuldades aumentaram. José Maria e sua família continuavam pedindo ao Universo uma oportunidade melhor. Aquele mesmo negócio chegou novamente, por mais três vezes. As mesmas cenas se repetiram. Mas um de seus filhos não estava mais gostando de ir à escola, a ponto de perder o controle de tanto chorar. Então José Maria e sua esposa foram à escola verificar o que estava acontecendo. Descobriram que seu filho precisava aguardar seus colegas terminarem suas tarefas, para tomar emprestado materiais básicos como lápis colorido e giz de cera. O menino não possuía nem o material para desenvolver suas atividades escolares básicas.

Num primeiro momento, José Maria e Josefa pensaram que Deus havia se esquecido da sua família, que seus pedidos não haviam sido atendidos e que a fé do casal de nada havia adiantado. Mas José Maria lembrou-se da oportunidade que fora desperdiçada por três vezes. Percebeu que seu pedido havia sido atendido e ele nem havia notado. A situação de seu filho o motivou de tal forma que, em três meses, sua renda com aquela oportunidade passou de R$ 60,00 para R$ 6.000,00. Foi multiplicada por 100 em apenas três meses.

Analise aquilo de que você e sua família realmente precisam e o que desejam. Será que a solução para suas necessidades e desejos não passou por você sem que tenha percebido? A oportunidade que chegou até José Maria era um negócio de *marketing* de rede na área financeira. No entanto, independentemente de seus desejos e necessidades, a solução necessária chegará até você. Entretanto, o caminho da riqueza precisará ser percorrido, independentemente da atividade a ser desenvolvida. As desculpas nunca funcionarão. Você sempre terá duas opções: agarrar-se à oportunidade que pediu e dedicar-se para desenvolvê-la ou abandoná-la nos primeiros obstáculos. Para trilhar o caminho da riqueza, é necessário que você escolha sempre a primeira opção!

A EDUCAÇÃO E O CAMINHO DA RIQUEZA
19

Se consultarmos o dicionário, encontraremos que Educação é o desenvolvimento das faculdades físicas, morais e intelectuais do ser humano ou então que representa a adequação do indivíduo à sociedade, do indivíduo ao grupo ou dos grupos à sociedade. Além disso, podemos entender que a Educação engloba os processos de ensinar e aprender. Independentemente da definição encontrada, cada país deste mundo leva em consideração o que é de seu interesse em relação à Educação. Mas qual é o verdadeiro significado e o que tem a ver Educação com Riqueza?

Existe um grande mal-entendido em relação ao significado real de Educar e Educação. As referências a esse assunto geralmente remetem ao ato de disseminar conhecimento. No livro "A Lei do Triunfo", Napoleon Hill explica que a palavra Educar tem origem no vocábulo latino "educo", que significa desenvolver-se de dentro para fora. Isso significa que um indivíduo "educado" é aquele que sabe como adquirir tudo de que necessita para alcançar seus objetivos principais de vida sem violar os direitos dos seus semelhantes.

Essa informação pode fazer os indivíduos que se consideram bastante instruídos pensar que podem estar distantes de serem "educados". E também pode dar certeza aos indivíduos que se consideram pouco instruídos de que podem ser educados. Portanto, se você tem vontade e age, diariamente, procurando atingir seus objetivos de vida sem violar os direitos de seus semelhantes e entende que precisa se desenvolver de dentro para fora, é uma pessoa educada. Não importa se você tem graduação, curso, mestrado, doutorado ou mal sabe ler e escrever. Sua idade também não é relevante.

Para conquistar a riqueza, você precisa ser uma pessoa educada. Mas isso, definitivamente, não significa que você deve ir à escola ou universidade, tirar boas notas e procurar um emprego seguro (que não existe). Quando você estuda dessa forma, apenas adquire conhecimento geral sobre as coisas, conhece os caminhos que existem e que estão disponíveis para buscar informações. O conhecimento geral não tem nenhuma relação com a acumulação de dinheiro nem com o sucesso. Um fato concreto que serve como prova é que os professores são as pessoas que mais têm conhecimento geral sobre diversos assuntos. No entanto, a maioria dos professores tem pouco dinheiro e/ou passa por dificuldades financeiras.

O desafio está em organizar e usar o conhecimento depois de adquiri-lo. Portanto, para conquistar a riqueza, você precisa escolher uma área para atuar e se especializar. Precisa escolher um ramo de negócio que você, como pessoa educada que é, entenda como uma grande oportunidade. Deve estudá-lo e praticar tudo o que está relacionado a ele. Precisa adquirir conhecimento especializado e colocá-lo em prática. Você não precisa ser o detentor de todo o conhecimento especializado; pode unir-se a outras pessoas que o tenham.

No início de um negócio, poderá conseguir fazer tudo sozinho, mas, para crescer, precisará unir-se a outras pessoas. E isso é fundamental para você se desenvolver de dentro para fora e provocar o mesmo acontecimento em outros indivíduos envolvidos com objetivos semelhantes. Essa é a verdadeira e prática relação que existe entre a Educação e a Riqueza.

Educação x Riqueza
20

No capítulo anterior, você leu sobre o fato de que uma pessoa educada não é, necessariamente, alguém que tenha muito conhecimento geral ou especializado. Um indivíduo é educado quando desenvolveu sua mente de forma a conseguir conquistar tudo aquilo que deseja sem violar os direitos alheios. Este capítulo relatará um exemplo de sucesso e sua relação com o conhecimento generalizado. Cabe lembrar que o conhecimento generalizado é obtido com cursos e faculdades em geral.

  Henry Ford não completou a 6ª série, mas acumulou grande fortuna e ajudou muitas pessoas a crescerem com ele no caminho da riqueza. Mas, durante a Segunda Guerra Mundial, um jornalista o chamou de ignorante em uma reportagem. Ford se sentiu ofendido e moveu uma ação contra o jornalista por calúnia e difamação. Os advogados do jornalista alegaram inocência e convocaram o próprio Ford para ser questionado no banco das testemunhas, durante o julgamento. Seus objetivos consistiam em provar a todos os presentes que se tratava de um indivíduo ignorante. Ford tinha o conhecimento necessário para produzir os automóveis daquela época e dedicava seus maiores esforços para tal.

  Durante o julgamento, quando Ford estava no banco das testemunhas, os advogados do jornalista fizeram as seguintes perguntas, entre outras: "Quem foi Benedict Arnold?", "Quantos soldados os britânicos enviaram aos Estados Unidos para reprimir a rebelião de 1776?". Para esta última pergunta, Ford respondeu: "Ignoro o número exato de soldados que foram enviados pelos britânicos, mas ouvi dizer que foi consideravelmente maior do que o número dos que voltaram".

  Após ficar cansado de tantas perguntas que envolviam apenas conhecimento generalizado, sem prática relacionada às atividades que ele desenvolvia, e irritado com uma pergunta ofensiva, Henry Ford disse ao advogado: "Vamos imaginar que eu quisesse responder à tolice que acabou de me perguntar ou a qualquer um dos outros disparates que vem me perguntando. Deixe-me lembrar que tenho uma série de botões na minha mesa. Basta pressionar um deles para ter ao meu lado pessoas capazes de me esclarecer qualquer dúvida sobre o negócio ao qual venho dedicando meus maiores esforços. Agora, poderia ter a gentileza de me dizer por que eu deveria encher minha cabeça com conhecimentos gerais apenas para ser capaz de responder a perguntas quando tenho pessoas em torno de mim que podem fornecer-me qualquer resposta que se faça necessária?"

A resposta embaraçou o advogado, e todas as pessoas presentes no tribunal perceberam que aquela não era a resposta de um indivíduo ignorante, mas de um homem que tinha educação. Qualquer indivíduo é educado quando sabe onde buscar o conhecimento de que precisa e como organizá-lo em planos de ação definidos. O exemplo de Ford citado neste texto foi retirado do livro "Quem pensa enriquece", de Napoleon Hill. Este exemplo mostra que grandes conhecimentos gerais não representam riqueza. Além disso, destaca que vários anos de estudo adquirindo conhecimento geral não tornam um indivíduo educado. E ser um indivíduo educado é imprescindível para trilhar o caminho da riqueza. Não tenha dúvida disso!

As 30 maiores razões do fracasso no caminho da riqueza
21

O caminho da riqueza é fantástico! Quando você estiver nele se sentirá maravilhosamente bem. Mas é importante ressaltar que riqueza significa estar bem em todas as áreas da sua vida, e não apenas na área financeira. O caminho da riqueza aproxima e mantém as pessoas na riqueza. Por isso, atingir a riqueza e depois perdê-la pode ser algo muito frustrante. Então, é preciso entender as maiores razões do fracasso nesse caminho, para evitar que isso ocorra com você.

Infelizmente, a maioria das pessoas não é um bom exemplo a ser seguido. As maiores razões do fracasso estão sendo apresentadas a você para que as compare com suas atitudes e das pessoas com quem convive. Caso se identifique com uma das razões do fracasso no caminho da riqueza ou perceba que uma pessoa próxima a você tem esses hábitos, evite seguir o exemplo.

As 30 maiores razões do fracasso no caminho da riqueza foram baseadas nos "Trinta e Um Modos de Falhar", escritos por Napoleon Hill no livro "Quem Pensa Enriquece" após 25 anos de pesquisas em contato direto com pessoas de todos os níveis intelectuais e financeiros da sua época. É muito importante ler cada uma das razões abaixo com calma e se perguntar se isso ocorre com você.

1. *Falta de um propósito bem definido na vida:* Jamais haverá sucesso para uma pessoa que não tem um objetivo central para perseguir. Mais de 95% das pessoas não têm um objetivo de vida a ser alcançado. O que você realmente quer? Qual é o seu propósito de vida? Quais são os seus objetivos? O caminho da riqueza tem obstácu-

los. Mas todas as pessoas podem enfrentá-los. Entretanto, se você não tiver um propósito bem definido, poderá desistir facilmente quando os obstáculos surgirem. Reflita bastante sobre isso. Esta pode ser a principal causa de seu fracasso em algo.

2. *Falta de ambição:* Nada pode ser feito para ajudar uma pessoa que não deseja viver em uma situação que supera a mediocridade e que não esteja disposta a fazer algo diferente para atingir melhores resultados. Ambição é diferente de ganância. Se você está lendo este livro, certamente deseja melhorar sua qualidade de vida. Isso é ambição, e é extremamente importante para todas as pessoas.

3. *Pouca instrução:* Essa desvantagem pode ser sanada facilmente. As pessoas mais instruídas são aquelas que encontram os meios de conseguir o que querem sem violar os direitos de outras pessoas. Apenas um diploma não torna uma pessoa instruída. O resultado financeiro das pessoas depende diretamente do que elas fazem com o que sabem, e não apenas daquilo que sabem. Este autor é uma prova disso. O fato de ter mestrado pouco influenciou nas rendas que eu recebia como professor. Para mudar meus resultados, precisei fazer coisas diferentes com o conhecimento que eu obtinha. Infelizmente, as instituições de ensino não garantem o sucesso de ninguém nem o diploma emitido por elas. São as suas atitudes que mudam seus resultados. É preciso aplicar os conhecimentos com eficiência, consistência, persistência e foco para obter melhores resultados. Uma prova disso é que a grande maioria das pessoas que conquistaram riqueza nas áreas espiritual, familiar e financeira não tinha o ensino médio completo.

4. *Falta de autodisciplina:* Sem ter autocontrole não é possível controlar as suas qualidades negativas. Você deve se controlar antes de poder controlar as suas condições. Se você não vencer a si mesmo, nunca conquistará o autodomínio e, consequentemente, não terá

autodisciplina para seguir em frente, realizando o que se determinar a fazer para conquistar o caminho da riqueza.

5. *Saúde frágil:* Com a saúde debilitada, é mais difícil atingir grandes êxitos. Mas a maior parte das causas de saúde frágil depende de domínio e controle. Entre as principais causas da saúde frágil pela ausência de domínio e controle estão o abuso de comidas prejudiciais, grande importância dada a pensamentos negativos, prática indevida ou exagerada de sexo, falta de exercício físico adequado e quantidade inadequada de ar fresco para respirar. Independentemente de suas condições atuais de saúde, entenda que só você pode melhorá-las. A mudança de alguns hábitos diários já pode melhorar muito a sua saúde.

6. *Influências desfavoráveis do meio, durante a infância:* Tudo aquilo que uma criança vê e ouve até os sete anos de idade fica incrustado em seu subconsciente. Todos os maus comportamentos estão relacionados com o ambiente de vivência das pessoas, especialmente até os sete anos de idade. Mas isso pode ser mudado tranquilamente, conhecendo outros exemplos de vida profundamente e buscando informações em livros que retratam o sucesso e a riqueza. Tudo aquilo que está no seu subconsciente pode ser mudado, e este livro o orienta a entender esse processo.

7. *Ter o hábito de adiar o inadiável:* A procrastinação devasta todas as possibilidades de êxito. A maioria das pessoas atravessa a vida como fracassado porque aguarda o melhor momento para iniciar algo que realmente mudará a sua vida para melhor. Para trilhar o caminho da riqueza, inicie de onde você está agora, com os recursos que tem. Esse é o melhor momento! Dê o primeiro passo com fé! Lembre-se de que não é necessário ver toda a escada para subir o primeiro degrau. Se precisar de melhores recursos, eles serão mostrados a você ao longo do caminho caso você tenha objetivos definidos.

8. *Falta de persistência:* Tudo o que nossa mente consegue imaginar pode conceber no mundo real. Mas nada do que imaginamos "cai do céu" na forma como foi imaginado. Muitas pessoas desistem no primeiro obstáculo e depois se perguntam por que as coisas dão errado para elas. Para conquistar o tesouro que colocamos na mente, é preciso manter um estado de fé inabalável de que aquilo ocorrerá e nunca desistir, sempre persistir. Tudo o que precisará ser feito para a conquista do seu tesouro será necessário para você se desenvolver de dentro para fora. Até conquistar o caminho da riqueza, você terá derrotas temporárias que se transformarão em fracasso se você desistir. Somente a persistência promoverá um crescimento interno que o impulsionará para a vitória na conquista de seus objetivos.

9. *Negativismo:* As pessoas negativas nunca trilharão o caminho da riqueza. Elas repelem as oportunidades e as pessoas positivas que poderiam ajudá-las. Atraem outras pessoas com personalidade negativa, que nunca estão dispostas a cooperar e atrasam o desenvolvimento da humanidade. O caminho da riqueza exige cooperação com outras pessoas. Essa cooperação só ocorre entre pessoas com personalidade positiva. Tanto o negativismo quanto o positivismo são contagiosos. Portanto, não conviva com aqueles que choram e se queixam, pois tal doença é contagiosa.

10. *Descontrole do impulso sexual:* A mais poderosa emoção que pode incrustar na parte subconsciente das nossas mentes o que realmente desejamos é a provocada pela energia sexual. Para atingir um objetivo, primeiro nossa mente consciente decide que ele precisa ser atingido. Então a imaginação frequente, somada a sentimentos positivos, "planta" o objetivo atingido na nossa mente subconsciente. Esta se conecta com o Universo (Deus), que sempre responde ao estímulo, indicando o caminho mais curto para que o objetivo seja atingido por meio das nossas ações. Todos os sentimentos positivos estimulam esse processo. Mas a energia mais

poderosa para isso é a energia sexual. E é por isso que o descontrole do impulso sexual é uma das razões do fracasso no caminho da riqueza.

11. *Forte desejo de ganhar tudo de graça:* Querer ganhar tudo de graça ou com esforço mínimo é certeza de fracasso. É preciso entender que "não existe almoço grátis", nada cai do céu. Mesmo se uma pessoa ganhar muito dinheiro com jogos ou um negócio ilegal que pareça fácil, esse dinheiro será perdido com a mesma facilidade com que foi recebido. Somente no dicionário o sucesso vem antes do trabalho. Duvide de propostas que lhe prometam dinheiro fácil. A sua credibilidade é muito importante para fazer negócios que realmente podem mudar a sua vida para melhor.

12. *Indecisão:* As pessoas que demoram muito para tomar uma decisão geralmente a mudam rapidamente. Com a mudança de decisão, o foco é perdido. Sem foco não há avanço. Várias mudanças de decisão em curtos períodos de tempo e em relação ao mesmo assunto afastam qualquer pessoa do caminho da riqueza. As pessoas de sucesso tomam decisões rápidas e, se for realmente necessário, as mudam lentamente. As pessoas fracassadas demoram muito para tomar uma decisão e, quando a tomam, mudam facilmente por qualquer motivo. Se estiver decidido a trilhar o caminho da riqueza, você precisa tomar esta decisão e mantê-la em cada obstáculo que surgir.

13. *Cônjuge errado:* É muito difícil uma pessoa progredir convivendo com um cônjuge que propaga o fracasso. Um cônjuge errado pode provocar o fracasso de uma família, bem como de seus descendentes. Essa é uma causa comum de fracasso no caminho da riqueza. O contato íntimo ocasionado pelo casamento é muito importante, mas todos os envolvidos precisam mudar hábitos para conviver em harmonia. Se isso não ocorrer, a ambição pode ser destruída,

juntamente com todas as condições de felicidade. Conversas frequentes sobre o futuro familiar, com humildade para ouvir todos os envolvidos, sem medo de abordar e encarar os problemas, definindo objetivos e metas no papel e se comprometendo com sua realização, podem salvar um casamento e permitir que ele trilhe o caminho da riqueza.

14. *Falta de coragem:* Para entrar no caminho da riqueza, é preciso ter coragem para arriscar. Aquele que nunca se arrisca tende a se contentar com as sobras do mundo. Se uma pessoa sempre tiver medo de arriscar, nunca atingirá a riqueza. Se você está fechando um negócio, por exemplo, e tem medo de se arriscar a falar sobre o preço justo, poderá pagar mais do que um produto ou serviço realmente vale ou então poderá vendê-lo por um preço menor do que o real. O excesso de coragem também é prejudicial. Portanto, se você mantiver o medo de correr riscos calculados, contente-se em ter uma vida medíocre.

15. *Má escolha de sócios:* Para atingir o sucesso em um negócio, é preciso que haja convergência de ideias entre seus sócios. Quando uma pessoa se propõe a oferecer seus serviços para outras pessoas, trabalhando conjuntamente como empregado ou sócio, tende a seguir seus hábitos relacionados ao andamento do negócio. O parceiro de negócio precisa ser inteligente, ter visão de futuro e ser uma inspiração. É da natureza dos seres humanos imitar as pessoas que trabalham próximas. Então, é melhor imitar alguém que esteja no caminho da riqueza e pretenda proporcionar algo de valor para outras pessoas.

16. *Preconceito e superstição:* A superstição e o preconceito são sinais de ignorância. São prejudiciais para a conquista da riqueza. Pessoas preconceituosas e supersticiosas mantêm a mente fechada. Por este motivo perdem grandes oportunidades de melhorar suas

vidas. Sem dúvida alguma, essas características ocasionam o fracasso. Uma prova disso é que a Astrologia não é considerada uma ciência; é apenas uma crença.

17. *Vocação escolhida equivocadamente:* Todas as pessoas que escolhem fazer ou permanecer fazendo aquilo de que não gostam caminham para o fracasso. Ninguém irá dedicar-se de corpo e alma a fazer o que não gosta. Logicamente, os primeiros trabalhos realizados durante a vida podem servir como experiência para escolher uma profissão. Mas aquele que vive vários anos da vida fazendo aquilo de que não gosta por comodismo caminha para o fracasso.

18. *Falta de foco:* É sabido que podemos queimar um pedaço de papel com a utilização de um espelho côncavo e os raios do Sol. Todos os raios solares que incidem sobre a superfície de um espelho côncavo passam por um ponto chamado de foco do espelho quando são refletidos. Se um pedaço de papel for colocado no foco do espelho, a energia concentrada provocará a sua queima. Essa é uma prova simples da natureza de que a grande energia está no foco. Se você quiser conquistar algo, precisa focar no objetivo principal. As pessoas que são "pau-para-toda-obra" dificilmente serão boas em alguma atividade específica. Tudo aquilo que você foca se expande.

19. *O hábito de gastar tudo ou mais do que possui:* As pessoas que compram tudo o que veem pela frente não podem ter sucesso. Geralmente, estão sempre apavoradas com a pobreza. É muito importante criar o hábito de economizar um percentual fixo sobre seus ganhos. Uma quantidade de dinheiro acumulada sob o seu controle lhe dará segurança para não aceitar fazer qualquer atividade que aparecer. Tudo o que você recebe de dinheiro durante a sua vida é mérito seu. Por isso é muito importante criar o hábito de pagar primeiro a você e não gastar mais do que possui.

20. *Desânimo:* A falta de entusiasmo é um dos caminhos para o fracasso em qualquer atividade. O desânimo diário, por si só, é um fracasso, não permite que alguma pessoa seja convincente. As pessoas que são entusiasmadas são bem-vindas em quaisquer outros grupos de pessoas. O desânimo esconde as oportunidades e mostra obstáculos. Pode ser a diferença entre a cura e a morte de uma pessoa, porque altera a sua fisiologia. Somente pessoas entusiasmadas conseguem trilhar o caminho da riqueza.

21. *Inflexibilidade:* As pessoas que têm "mente fechada" dificilmente progridem. Todos nós precisamos aprender novas coisas diariamente. As pessoas inflexíveis não adquirem mais conhecimento. Todos os dias, novos negócios são desenvolvidos. O fato de você nunca ter ouvido falar em determinado tipo de negócio, por exemplo, não significa que ele não funcione. Pode ser uma grande oportunidade que só será entendida se sua mente estiver aberta. Você não é conhecedor de tudo o que existe no universo. Por isso, precisa ser flexível.

22. *Desregramento:* Qualquer descontrole em relação a seus hábitos rotineiros pode destruir o seu caminho da riqueza. Tudo o que você consumir em excesso pode ser prejudicial ao caminho da riqueza. Desregramento em relação ao consumo de alimentos, álcool e sexo são os exemplos mais comuns que podem eliminar as possibilidades de você trilhar o caminho da riqueza. Também se pode citar a utilização de jogos e comunidades virtuais na internet de forma desregrada. É muito importante refletir diariamente sobre cada tarefa que você executa, para conseguir identificar aquelas que envolvem o desregramento. Não perceber que quatro ou cinco horas de um dia foram dedicadas à realização de uma tarefa que não era necessária, por exemplo, é fatal para o sucesso.

23. *Falta de cooperação com outras pessoas:* Onde não houver cooperação, dificilmente existirá progresso. Diariamente, muitas pessoas perdem oportunidades e cargos porque têm o hábito de não cooperar

com outras pessoas. Uma atitude de cooperação que não aparente trazer retorno no momento pode abrir grandes portas no futuro. As pessoas que não cooperam com outras são identificadas rapidamente em grupos de trabalho e se afastam do caminho da riqueza.

24. *Poder adquirido sem esforço próprio:* A riqueza atingida de forma rápida é mais perigosa que a pobreza. Existem muitos exemplos na sociedade de famílias que eram muito ricas financeiramente e ficaram pobres. O dinheiro é sempre uma consequência de atos realizados com amor no coração, de atos que facilitam, melhoram ou modificam a vida de outras pessoas para melhor. Isso só é possível para aqueles que estão dispostos a passar por diversas provações ao longo da vida, vencendo cada obstáculo que surgir. Por isso, o poder nas mãos de uma pessoa que não o adquiriu por seus próprios méritos pode ser fatal ao sucesso.

25. *Desonestidade:* Existem algumas circunstâncias que podem fazer uma pessoa parecer desonesta, mesmo que tenha agido com a melhor das intenções. Isso pode ocorrer em situações em que pessoa não tem controle. Mas a desonestidade intencional é sempre destruidora. Nada há o que esperar de uma pessoa desonesta. As pessoas desonestas sempre caem com a mesma velocidade com que subiram. A desonestidade intencional sempre causará o fracasso; é só uma questão de tempo.

26. *Egoísmo:* Ser egoísta ou vaidoso ao extremo é fatal ao sucesso em qualquer área. Nenhuma pessoa atinge o sucesso sozinha. É fácil identificar uma pessoa egoísta em um grupo de pessoas que trabalham em prol de um objetivo comum. Essa qualidade serve como alerta para outras pessoas se afastarem.

27. *Adivinhar sem pensar:* Tomar decisões por adivinhação destrói qualquer possibilidade de conquista do caminho da riqueza. Sem-

pre é necessário reunir o maior número de informações possível e pensar com exatidão antes de tomar uma decisão. Analisar e anotar os prós e contras dessa decisão antes de tomá-la é fundamental para ter clareza no momento de decidir.

28. *Falta de capital:* Infelizmente, não há como iniciar um negócio sem cometer erros. Os erros sempre ensinam. Mas começar um negócio sem reserva de capital suficiente para absorver esses erros prolonga a estrada que leva ao caminho da riqueza. Antes de iniciar um negócio que precise de um grande capital, é preciso realizar um planejamento prolongado. Se o negócio é novo, você ainda não sabe tudo sobre ele. Portanto, faz sentido prever o que aconteceria em situações que demandariam acréscimo de capital. Não contar com uma reserva maior de capital do que o previsto, que esteja disponível para situações inesperadas que podem ocorrer, pode ser fatal.

29. *Ouvir as pessoas erradas:* Se você precisa de uma opinião para tomar uma decisão, deve ouvir as pessoas certas. Se desejar ser médico, por exemplo, deve ouvir a opinião de um médico de sucesso, não de alguém que apenas tentou ser médico e fracassou. Essa é uma causa comum de fracasso. Muitas pessoas, ao descobrir algo que pode mudar suas vidas, dividem suas ideias com outras pessoas que não têm conhecimento suficiente para ajudar com opiniões relevantes. Isso certamente produzirá o fracasso. Qualquer coisa que demande uma segunda opinião precisa ser solicitada a pessoas que tenham condições de proferi-las.

30. *Carga hereditária desfavorável:* Pessoas nascidas com deficiência de inteligência podem superar esta fraqueza de apenas uma forma: com o auxílio da Inteligência Infinita/Mente Superior/Universo/ Deus. Mas seus familiares precisam "plantar" isso em suas mentes. De todas as 30 razões do fracasso no caminho da riqueza, essa é a única que não pode ser facilmente corrigida por qualquer pessoa.

A grande maioria dos problemas que precisamos resolver diariamente são bênçãos disfarçadas. Se não resolvemos esses problemas, não conhecemos as bênçãos reservadas por eles, e a vida se torna monótona. Mas, quando os problemas e obstáculos são superados, as bênçãos são recebidas. Para entrar no caminho da riqueza, é necessário obter novos conhecimentos e, principalmente, colocá-los em prática.

Não é possível encaixar novas práticas nos hábitos diários sem certo desconforto inicial. Entretanto, é importante entender que sempre são os desconfortos que ocasionam confortos. O fato de você ler este texto significa que não se importa com desconfortos momentâneos para viver confortos permanentes. As 30 maiores razões do fracasso no caminho da riqueza estão totalmente relacionadas a confortos momentâneos e perigosos.

Todos nós passamos por derrotas momentâneas diariamente. Após a constatação de uma derrota, podemos fazer apenas duas coisas: continuar, buscando a vitória, ou desistir, aceitando o fracasso. Isso significa que uma derrota só se transforma em fracasso quando você desiste do objetivo principal. São sempre as nossas atitudes que nos trazem fracassos ou vitórias. Vale a pena reler as 30 razões do fracasso no caminho da riqueza e refletir sobre o que cada uma delas tem a ver com você. Caso tenha se identificado com alguma delas, altere com urgência seus hábitos relacionados a ela. O caminho da riqueza está aberto para você!

Evite financiar um automóvel
22

Se uma empresa precisa de uma máquina para aumentar o seu faturamento, por exemplo, mas não possui dinheiro suficiente para adquiri-la, o financiamento pode ser uma solução lucrativa. Isso ocorre se a máquina pode produzir algo que gere dinheiro suficiente para a empresa pagar suas parcelas, além de todas as despesas envolvidas, e aumentar seu lucro. Essa situação representa um ótimo negócio. Várias empresas pelo mundo conseguiram crescer dessa forma.

No entanto, o que dizer do financiamento do automóvel pessoal? Antes de citar conclusões, analisemos um exemplo considerando um valor financiado de R$ 40.000,00, a ser pago em quatro anos (48 meses) com uma taxa de juros mensal de 1,7%. Consideremos também que esse automóvel custou R$ 50.000,00 e que os R$ 10.000,00 restantes foram pagos com outro veículo ou dinheiro. A pessoa conseguiu R$ 40.000,00 emprestados e saiu com um carro que ela considera do seu nível. Provavelmente, o veículo é bem confortável, tem um bom motor e era um sonho de consumo. Excelente! Quanta felicidade! Mas será que isso pode ser considerado um bom negócio? Será que esse automóvel poderá levá-lo pelo caminho da riqueza?

É muito importante ressaltar que, além do custo das parcelas desse automóvel, o comprador terá despesas com manutenção, seguro, impostos etc. que não serão considerados aqui. Após os 48 meses, o valor total pago pelo carro chegará a aproximadamente R$ 75.000,00. Sendo assim, a primeira análise revela que foram pagos R$ 25.000,00 de juros sobre os R$ 40.000,00 do financiamento. O valor de mercado do carro após 48 meses atingirá, no máximo, R$ 25.000,00. Nesse sentido, como o valor da compra foi R$ 50.000,00, metade desse valor, R$ 25.000,00, foi perdido com juros.

Uma segunda análise revela que os R$ 25.000,00 pagos de juros somados aos R$ 25.000,00 da desvalorização do automóvel totalizam R$ 50.000,00 perdidos. Cabe lembrar que o valor da compra do veículo foi de R$ 50.000,00. Portanto, a conclusão a que chegamos até o momento é de que o carro foi perdido! Será que investir R$ 75.000,00 para obter após 48 meses R$ 25.000,00 (no máximo) pode ser considerado um bom negócio? Perder o valor total do carro nunca será um bom negócio! Infelizmente, muitas pessoas pelo mundo vivem situações parecidas, passando inclusive dificuldades de manter a família alimentada por causa desse tipo de dívida.

Portanto, deve-se evitar o financiamento de um automóvel, pois os juros poderão representar mais da metade do seu valor. A única situação vantajosa ocorreria se o automóvel fosse financiado para que o dinheiro do financiamento fosse aplicado em um negócio caso houvesse um grande percentual de certeza de que haveria um retorno maior do que os juros pagos. Em qualquer outro caso, a situação ideal é representada pela compra à vista. Se a pessoa consegue pagar uma parcela carregada de juros, por que não poderia economizar uma parcela menor mensalmente e comprar à vista?

Não há como evitar a desvalorização de um automóvel. Mas, no exemplo citado acima, na compra à vista, pelo menos mais R$ 5.000,00 seriam economizados. No final de 48 meses, se o valor de mercado do bem fosse R$ 25.000,00, a soma das perdas considerando a desvalorização totalizaria R$ 20.000,00 na compra à vista, e não R$ 50.000,00 da compra financiada. Portanto, deixariam de "evaporar" R$ 30.000,00. Este valor poderia ser o início do caminho da riqueza para qualquer pessoa! Não tenha dúvida disso!

Nunca pague o mínimo
23

O cartão de plástico é utilizado mundialmente para compras e pagamentos. Pode ser de débito ou de crédito. Ambos os cartões são alternativas inteligentes para efetuar compras, mas têm vantagens e desvantagens. Neste capítulo, serão abordados os prós e contras do cartão de crédito, que é fantástico quando bem conhecido e aproveitado. Aqueles que o têm podem realizar praticamente todas as compras diárias com ele. Esta abordagem considerará um cartão de crédito sem custos de anuidade.

A utilização do cartão de crédito transmite uma sensação de que não está sendo gasto com as compras. Por isso, logicamente, deve-se ter a consciência de que, em algum momento posterior, aquele valor precisará ser pago com dinheiro. Essa consciência permite a qualquer pessoa acumular pontos que podem ser trocados por mercadorias, passagens aéreas etc. que não ocorreriam se as compras fossem efetuadas com dinheiro. O empresário que vende permitindo ao cliente o pagamento com cartão de crédito precisa deixar um percentual sobre o valor da venda para a administradora do cartão, mas tem uma garantia do recebimento.

A sensação de comprar sem retirar dinheiro do bolso pode ocasionar a ruína financeira de qualquer pessoa. Todas as administradoras de cartão de crédito têm seus grandes lucros com os descuidos dos usuários. Existe um *marketing* nocivo em relação ao pagamento da fatura. O titular do cartão é sempre incentivado a pagar um valor menor que o total da sua fatura.

Vejamos um exemplo para entender melhor o que isso significaria. Consideremos que uma pessoa tem R$ 1.000,00 de valor total da fatura do cartão de crédito e que o valor mínimo a ser pago é de R$ 200,00. Se apenas os R$ 200,00 forem pagos, incidirão sobre os R$ 800,00 restantes de 10% a 14% de juros por mês (média do Brasil em 2012). Isso significa que, no mês seguinte, os R$ 800,00 reais devidos se transformarão em R$ 912,00, considerando 14% de juros.

Digamos que, no período de um mês, entre o pagamento do valor mínimo e o vencimento da próxima fatura, a pessoa tenha outros R$ 1.000,00 de gastos, pois está acostumada a gastar esse valor mensal utilizando o cartão de crédito. Assim, o valor da sua próxima fatura será R$ 912,00 (valor não pago da fatura anterior acrescido de juros) mais R$ 1.000,00 (valor gasto no período de um mês, entre as duas faturas), totalizando R$ 1.912,00. Provavelmente, o fato de ser necessário pagar este valor de uma única vez comprometerá o orçamento da pessoa. Se ela aceitar a grande propaganda para pagar o valor mínimo, desembolsará apenas R$ 382,40 (20% do total), deixando para a próxima fatura R$ 1.529,60. Este valor, sem considerar outras compras, acrescido de 14% de juros, totalizará 1.743,74 na próxima fatura. Caso não seja pago, em aproximadamente cinco meses o valor da dívida dobrará, pois incidem juros compostos.

Infelizmente, se a pessoa telefonar para a administradora do cartão tentando negociar nesse momento, pode ser que receba uma oferta de empréstimo, além do limite já esgotado, com taxas de juros parecidas, para piorar a sua situação. Qual será o final da história? A ruína financeira da pessoa e talvez de sua família. Caso isso seja feito, pode ser que o caminho da pobreza se aproxime. Para trilhar o caminho da riqueza, jamais pague o valor mínimo da fatura do cartão de crédito; pague sempre o valor integral.

Saia da corrida dos ratos
24

A "corrida dos ratos" é uma expressão utilizada para representar a corrida de ratos de laboratório dentro de uma roda ou num labirinto. Se um rato for colocado dentro de uma roda que esteja girando, ele permanecerá correndo dentro dela. Se vários outros ratos forem colocados dentro da mesma roda, todos eles farão a mesma coisa, permanecerão correndo.

Nessa situação, não existe objetivo comum ou individual a ser atingido pelos ratos. Eles simplesmente permanecem correndo porque entendem que é isso que lhes cabe. Se os ratos fossem deixados por muito tempo dentro dessa roda, é muito provável que correriam até morrer. A expressão "corrida dos ratos" ficou mais conhecida após a publicação do livro "Pai Rico Pai Pobre", de Robert Kiyosaki.

Infelizmente, a maioria da população está em uma corrida dos ratos. De forma geral, as crianças nascem e vão para escola. Os anos passam, elas crescem e aprendem conhecimentos gerais sobre diversos assuntos. Descobrem que existem empresas que fornecem empregos. A maioria dos seus pais trabalha como empregado. Os professores que lhes ensinam são empregados. A maioria dos pais de seus colegas trabalha como empregado. Então os jovens iniciam seus trabalhos com um emprego.

Como nunca haviam recebido dinheiro por seu próprio trabalho nem tinham compromissos financeiros, impressionam-se e começam a gastar. Após alguns anos, boa parte desses jovens encontra um(a) companheiro(a) e com quem passa a viver. Trabalham duro para adquirir carro e casa. Depois, desejam ter filhos. O aumento da família às vezes exige uma casa maior. Resumindo, as despesas não param de crescer, o casal precisa trabalhar cada vez mais, não constrói reservas financeiras, não faz investimentos, não consegue desfrutar de sua vida nem passar tempo com a sua família vendo seus filhos crescer.

O texto acima reflete a corrida dos ratos. Essas pessoas "correm" a vida inteira. No final, acabam "morrendo". Em algum momento, como se lhes faltasse fôlego, faltarão dinheiro, saúde, talvez o casamento acabe etc. Infelizmente, isso ocorre com a grande maioria da população. Neste sentido, cabe perguntar a você: Se for demitido hoje ou sua empresa não der certo ou não fechar contratos/vendas por algum tempo, o que acontecerá com a sua vida financeira? Quanto continuará recebendo mensalmente para sobreviver?

O maior erro da maioria das pessoas é aumentar demais suas despesas antes de aumentar suas receitas, aumentar seus "passivos" antes de fazer crescer seus "ativos" financeiros. Fatalmente, isso pode fazer com que um casal trabalhe a vida inteira por dinheiro sem nunca fazer seu dinheiro trabalhar para eles. O caminho da riqueza está cada vez mais distante para essas pessoas.

Qualquer pessoa pode melhorar sua situação. Mas primeiro é preciso ter humildade para identificar que está preso na corrida dos ratos. Depois, é necessário sair dela, por meio de um planejamento com projeção de pelo menos cinco anos futuros, que envolva investimentos, negócios que possam ser interessantes para se trabalhar, de acordo com os conhecimentos adquiridos e trabalhos desenvolvidos até o momento atual. Dessa forma, você pode conquistar tempo e dinheiro, sair da corrida dos ratos e trilhar o caminho da riqueza!

Renda linear x Renda residual
25

Independentemente do tipo de trabalho que você desenvolve, pode receber apenas duas modalidades de renda: linear e/ou residual. Entender cada uma dessas rendas é fundamental para aqueles que desejam atingir o caminho da riqueza. Uma renda linear é a recebida por empregados e autônomos; depende exclusivamente do trabalho de uma pessoa. Por este motivo, caso ela não trabalhe por um período, não receberá renda.

De forma geral, empregados e autônomos trabalham aproximadamente 8 horas por dia, 5 dias por semana. Isso resulta em 40 horas de trabalho semanais, totalizando 160 horas por mês. Multiplicando-se 160 horas por 11 meses, resultam 1.760 horas por ano. Considerando 40 anos de trabalho como sendo o período mais produtivo de uma pessoa, multiplicando por 1.760 horas, têm-se 70.400 horas trabalhadas ao longo da vida. Não é possível trabalhar mais, pois essas pessoas estão limitadas pelo tempo.

Uma renda residual é a recebida por um sistema, negócio, investimento, rede etc.; algo que precisa ser construído por uma ou mais pessoas. Esse tipo de renda não necessita de construção mensal; é construído apenas uma vez. O exemplo mais comum de sistema gerador de renda residual é uma empresa bem-sucedida. Todas as empresas que existem nasceram pequenas, independentemente do seu tamanho atual e ramo de atuação. À medida que os negócios de uma empresa crescem, mais funcionários são contratados e mais prestadores de serviço são envolvidos nas suas atividades.

Diferentemente de empregados e autônomos, os sócios de uma empresa de sucesso duplicam seu tempo e alavancam suas rendas por meio da contribuição de outras pessoas. Além da utilização dos processos de duplicação e alavancagem, os sócios de uma empresa de sucesso fornecem empregos para outras pessoas e contratam serviços de outras empresas, que também geram empregos.

As franquias também constituem um sistema de negócios e, portanto, geram renda residual. Uma de suas principais vantagens é que representam um negócio de sucesso garantido, pronto para operação, mas demandam alto investimento inicial. Um verdadeiro negócio de *marketing* de rede ou *marketing* multinível também representa um sistema de sucesso comprovado, que gera renda residual. Outras vantagens são baixo investimento inicial, treinamento constante, dedicação em tempo flexível e benefícios para todos os envolvidos. Dinheiro investido em imóveis e no mercado financeiro também gera renda residual quando os investimentos são monitorados com excelência.

Para entender melhor como os sistemas ou redes de negócios proporcionam renda residual, vamos analisar o tempo das pessoas envolvidas. Como exemplo, consideremos uma empresa que tem 100 colaboradores. Se cada um deles dedicar 8 horas diárias, multiplicando-as pelos 5 dias de uma semana, por 4 semanas, por 11 meses, têm-se 176.000 horas trabalhadas em apenas um ano.

Em 40 anos, teremos 7.040.000 horas trabalhadas. Essa é a grande diferença entre renda linear, em que o trabalho precisa ser executado novamente todos os meses, e renda residual, que utiliza os poderosos processos de duplicação e alavancagem. Portanto, não tenha dúvida de que é a renda residual que aproxima você do caminho da riqueza!

Você precisa ser um visionário
26

Visionário é aquele que faz coisas que parecem estúpidas aos olhos dos outros, porque no momento as pessoas não acreditam que aquilo produzirá algum resultado. Como exemplo, ao buscar investidores para desenvolver uma linha de produção de carros, o visionário Henry Ford ouviu um alerta do presidente do banco de Michigan em 1903: "o cavalo está aqui para ficar, o automóvel é apenas uma novidade, uma moda, que com certeza irá passar".

O bancário não sabia que estava à frente de um dos maiores visionários da história. Enquanto a cabeça de Ford vislumbrava milhares de pessoas deslocando-se de automóvel pelas ruas do mundo, o presidente do banco pensou que aquilo fosse apenas uma loucura ou utopia.

Também de forma visionária, Mark Weiser descreveu, em 1991, um mundo onde os ambientes cheios de dispositivos computacionais e comunicação interagiam naturalmente com as pessoas, de tal forma que elas passavam a fazer parte desses ambientes. Novamente, a maioria das pessoas não acreditou em uma pessoa visionária. Mas a visão de Weiser fez surgir a chamada "computação ubíqua", que representa recursos computacionais disponíveis em todos os lugares e momentos.

A partir de sua visão, as pesquisas da computação se focaram na evolução tecnológica que permitiria a criação de ambientes ubíquos. Isso permitiu a criação de dispositivos computacionais menores e mais portáteis. Além disso, surgiram as tecnologias de comunicação sem fio, como o Bluetooth e o WiFi, que criaram a possibilidade de acesso a informação em qualquer hora e lugar, o que não era possível com as redes a cabo.

Todos nós temos ideias que surgem na nossa mente o tempo todo. Tudo o que desejamos e acontece em nossas vidas está relacionado com isso. Portanto, todas as ideias que surgem e são imaginadas na sua mente foram atraídas por você. E tudo o que você consegue imaginar pode ter em suas mãos. Nada do que você deseja e coloca nas mãos do Universo (Deus) é impossível. Mas é você que determina se aquilo que imaginou se tornará real ou não, seguindo em frente ou apenas pensando que é loucura ou utopia e desistindo da ideia.

Tudo o que existe no Universo foi antes imaginado. As pessoas que têm mentes visionárias se diferenciam dos demais porque acreditam e lutam pela materialização do que imaginam. Com isso, tudo o que precisa acontecer para que uma ideia surgida na mente delas se materialize será rearranjado pelo Universo. Essas pessoas compreendem o motivo pelo qual determinadas situações ocorrem na vida delas, porque estão em sintonia com o Universo (Deus).

Nesse sentido, para trilhar o caminho da riqueza, você precisa ser um visionário. Você pode! Entender que uma ideia surgida na sua mente foi atraída por você e pode ser realizada é fundamental. Mas desejá-la ardentemente e acreditar nela com uma fé inabalável é uma decisão pessoal muito importante. A opinião da maioria das pessoas geralmente será contrária. Mas a maioria das pessoas não é exemplo de sucesso. Se você deseja realmente andar pelo caminho da riqueza, acredite e invista mais nas suas ideias!

Pare de pensar e aja!
27

Diariamente, todas as pessoas conhecem algo novo. Algumas pessoas buscam o conhecimento de algo diferente, que possa melhorar suas vidas. Como exemplo, consideremos uma pessoa cujo aprendizado de algo fez diferença naquilo que ela já fazia em seu trabalho rotineiro. É bem provável que esta pessoa queira aprender mais coisas constantemente, da mesma forma ou de maneira semelhante. Outras pessoas, diferentemente, não buscam algo novo. Pensam, frequentemente: ora, por que aprender coisas novas se eu não preciso delas para viver? Mas o que eles não pensam é: não preciso delas para viver até quando?

De uma forma ou outra, todos nós precisamos buscar algo novo, porque sempre queremos melhorar alguma coisa nas nossas vidas, algo que faça sentir bem, que nos dê ânimo! Mas a acomodação com nossas rotinas pode ser perigosa. Uma pessoa acomodada não se interessa por coisas novas, apenas segue seu trabalho diário, deixando "a vida lhe levar". Pode pensar em coisas novas, porém não sente mais ânimo em descobrir ou buscar algo que possa facilitar a sua vida, a vida de outras pessoas ou alguma tarefa que envolva aquilo em que trabalha, por exemplo. Entretanto, o mundo não reserva lugar permanente para pessoas acomodadas.

Mas como agir, descobrindo e realizando algo que seja novo? Primeiramente, é preciso entender que as pessoas que conhecemos "ouvem falar" diariamente em muitas formas de ganhar dinheiro. Algumas dessas são legais, funcionam de acordo com as leis do país, outras não. Se uma dessas formas de ganhar dinheiro não funciona de acordo com as leis, certamente o dinheiro não será ganho por um grande período de tempo.

Boa parte de tudo o que fazemos diariamente só é feito porque precisamos de dinheiro. Pense nisso. Um emprego é uma forma legal de ganhar dinheiro, por meio da venda do seu tempo e esforços para outras pessoas. Abrir uma empresa é também uma forma legal de ganhar dinheiro, por meio da produção e venda de um produto ou prestação de um serviço, por exemplo.

Abrir uma franquia ou se associar a uma verdadeira empresa de *marketing* de rede são, igualmente, formas legais de se ganhar dinheiro. Mas conquistar uma boa renda por meio da abertura de uma empresa, de uma franquia, de um negócio de *marketing* de rede ou de qualquer outra forma legal exige planejamento, vontade, persistência, foco e compromisso.

Para tomar uma decisão sobre o que realizar de novo para trilhar o caminho da riqueza, basta descobrir o que você gostaria de fazer para facilitar a vida de outras pessoas. O dinheiro não pode ser o foco, pois sempre foi e será uma consequência do bom trabalho. Para começar, é importante não deixar de lado sua função atual. Utilize o seu tempo vago. Todas as pessoas têm tempo vago que na maioria das vezes é gasto em frente a um televisor.

Entenda que esse seu "novo empreendimento" só não dará certo se você desistir. Se tiver um desejo ardente, uma fé inabalável, compromisso, foco e deixar de apenas pensar para agir, acreditando na sua ideia e colocando-a nas mãos do Universo (Deus), inevitavelmente você atingirá o caminho da riqueza.

Suas necessidades financeiras
28

Todas as pessoas têm necessidades financeiras. Algumas são básicas, como alimentação, vestuário e transporte. A ausência de dinheiro para suprir a alimentação, por exemplo, pode levar qualquer pessoa à morte, porque o corpo precisa da energia dos alimentos. Para que uma pessoa tenha uma vida digna, pelo menos essas necessidades básicas precisam ser supridas.

Todos nós estamos expostos diariamente a tentações de consumo, que, por causa de propagandas veiculadas repetidas vezes, levam um grande número de pessoas a acreditar que são necessidades. Essa crença ocasiona compras desnecessárias, que geram gastos desnecessários e geralmente representam o início de endividamentos desnecessários.

Por esses motivos, é muito importante identificar quais são as suas necessidades financeiras e evoluir antes que elas se tornem problemas. Vale a pena perguntar a si mesmo: quais são minhas necessidades financeiras? De maneira geral, as necessidades financeiras das famílias de todas as pessoas são: renda maior do que as necessidades básicas; segurança financeira, para suprir uma eventual falta da principal fonte de renda da família; e independência financeira, para desfrutar de uma aposentadoria digna, podendo diminuir o ritmo de trabalho se assim desejar.

A sua qualidade de vida é representada pelo resultado de uma subtração. O valor da soma das suas necessidades financeiras mensais, subtraído do valor da sua renda mensal, resulta na qualidade de vida que você tem. Se o resultado for positivo, você tem qualidade de vida. Caso resulte um valor negativo, além de não ter qualidade de vida, talvez tenha dívidas que não conseguirá manter.

Utilizar dinheiro do limite da conta corrente ou do cartão de crédito só ajudarão a diminuir ainda mais sua qualidade de vida, pois os juros são compostos e altos. A melhor solução nesta situação é deixar algumas dívidas para trás, honrar todas as que a renda permitir e realizar um acordo com os credores das demais. E, assim que for possível, efetuar o pagamento com dinheiro próprio. Esse é o primeiro passo para que seja possível iniciar um processo de busca pela qualidade de vida.

Quando a vida das pessoas está "dando para o gasto", elas têm a tendência de manter o rumo e só se dão conta de que deveriam ter mudado quando algum problema grande aparece no meio do caminho. Enquanto não houver qualidade de vida para uma pessoa, não será possível realizar suas vontades; no máximo, suas necessidades. É muito difícil realizar sonhos e viver uma vida de felicidade sem poder realizar nenhuma de suas vontades ou da sua família.

Todas as pessoas podem trilhar o caminho da riqueza e devem viver neste caminho, porque a vida é fenomenal. Você é o maior milagre da natureza! Foi criado à imagem e semelhança da fonte criadora (Deus)! Pode ser e fazer muito mais do que imagina! Mas precisa dar o primeiro passo para mudar em si tudo o que for necessário. E, caso você já esteja andando pelo caminho da riqueza, ajude outras pessoas a trilhá-lo; não com dinheiro, mas com orientação e exemplo. Você pode muito mais do que suas necessidades financeiras! Pode ingressar no caminho da riqueza! E também se manter nele!

Você é um vencedor!
29

Sempre é importante lembrar que o caminho da riqueza representa uma situação de completa felicidade, especialmente nas áreas espiritual, familiar e financeira, nessa ordem. Esse caminho só pode ser trilhado por vencedores. Mas todas as pessoas nasceram para ser vencedoras. O fato de você estar lendo este texto o caracteriza como vencedor.

Entretanto, todas as pessoas são influenciadas pelo ambiente em que vivem. Se você convive a maior parte do seu tempo com pessoas vencedoras, continue assim. Caso você conviva diariamente com pessoas que não considera vencedoras, mas deseja vencer, precisa ignorar tudo que envolve esse ambiente para se tornar um vencedor.

Entenda que o momento em que você nasceu já é uma prova de vitória. Você já é um vencedor por estar neste mundo! Há algum tempo, você competiu com milhões de espermatozoides, numa corrida em que apenas um venceria. Foi você quem venceu esta corrida! Você é fruto do amor de duas pessoas. É o maior milagre da natureza!

Independentemente de questões de ordem religiosa, Deus não escolhe os capacitados; Ele capacita os escolhidos. O fato de estar lendo este livro agora é uma prova de que você é um escolhido. Deus apenas me utilizou para levar a você estas informações. Você é fruto de milhares de anos de evolução do universo. É um milagre de Deus. E por que esse milagre deveria findar-se com o seu nascimento?

O grande problema da maioria das pessoas é que elas não suportam pagar o preço do sucesso. Geralmente, elas desistem antes de aprender o básico. A maioria dos vencedores passou por humilhações, decepções, angústias e ansiedades. Mas pessoas vencedoras têm um desejo ardente de vencer. Os obstáculos e as adversidades que surgem servem de motivo para a superação.

Existe um fato muito importante que todas as pessoas precisam entender para vencer: *Todas as adversidades que ocorrerem na sua vida, que não lhe matarem, têm o objetivo de fazê-lo aprender algo para crescer e vencer!* O aprendizado proporcionado pela superação de um obstáculo o capacitará para a resolução de adversidades futuras com tranquilidade. Vale a pena ler este parágrafo novamente.

Para vencer, é preciso ser exemplo de dedicação, estar sempre em busca da perfeição, do cumprimento de metas e de seus próprios desafios. O vencedor cria estratégias, treina seus parceiros para trabalhar em equipe, reavalia periodicamente as atividades desenvolvidas para identificar desvios de percurso e retorna ao planejamento sempre que necessário.

As pessoas vencedoras trilham o caminho da riqueza porque seu foco é facilitar a vida de outras pessoas e de seus parceiros. Sabem que seu sucesso virá como consequência, qeu, para superar as adversidades da caminhada, precisam ser pessoas espiritualizadas, que acreditam na ajuda superior (Deus). Mas têm a convicção de que, mesmo confiantes na espiritualidade, precisam trabalhar com firmeza e propósitos bem definidos.

O Universo conspira a favor dos vencedores porque eles têm um desejo ardente, uma fé inabalável e uma forte determinação. Isso caracteriza os vencedores. Analise suas atitudes e lapide-se no que for necessário, porque você é um vencedor e pode trilhar o caminho da riqueza! Não tenha dúvida disso!

A DEFASAGEM DA SUA RENDA
30

Diariamente, ouvimos notícias de greves nos mais variados setores da economia. São professores, policiais, funcionários de empresas e até juízes e promotores, paralisando suas atividades para lutar, mostrar sua importância para a sociedade e reclamar de suas rendas, sempre motivados pelo fato de que os reajustes recebidos nos salários não acompanham a inflação do país.

Talvez você esteja pensando: como pode um juiz de direito, que tem uma das maiores remunerações assalariadas do país, reclamar de seu salário? O fato é que todas as pessoas que exercem trabalho assalariado reclamam de suas remunerações mensais após passar um período de pelo menos um ano recebendo o mesmo salário. Infelizmente, a maioria das pessoas tem o hábito de gastar sempre todo o dinheiro que recebe. Outras gastam mais do que recebem, pagando aluguel (juros) do dinheiro emprestado de outrem. Quando essas pessoas recebem um aumento no salário, bastam três meses para ajustar seu padrão de vida a ele.

A explicação para a defasagem de todos os salários envolve cálculos matemáticos muito simples. Diariamente, convivemos com a inflação. Se você é assalariado, compare a inflação acumulada durante os últimos dez anos no Brasil com os aumentos em seu salário no mesmo período. Se fizer isso, perceberá que a inflação acumulada no período é aproximadamente o dobro da soma de todos os reajustes que você recebeu em seu salário. Além disso, suas contas de luz, água, telefone etc. sempre acompanham o aumento da inflação.

Esses fatos mostram que você não deve esperar pela sua aposentadoria, contando que sua vida vai ser mais tranquila quando isso ocorrer. Os salários dos aposentados são os que mais sofrem com a falta de reajustes. No Brasil, o índice de reajuste das aposentadorias não está mais vinculado ao do salário mínimo. Com as regras atuais, o poder de compra do salário de uma pessoa aposentada cai pela metade a cada dez anos aproximadamente.

Como exemplo pode-se citar o fato de que, de 1995 até 2009, a cesta básica aumentou 211%, os medicamentos aumentaram 267% e os planos de saúde aumentaram 600%, enquanto que o reajuste dos aposentados chegou a apenas 150%. Isso explica de forma clara o fato de a maioria dos aposentados continuar trabalhando ou depender de caridade.

Você é o único que pode evitar que isso ocorra na sua vida e na vida de sua família. Não é por acaso que recebeu estas informações. A defasagem da sua renda pode ser compensada com uma nova renda, por exemplo. Mas isso não significa que você deva trabalhar mais do que já trabalha até o fim da sua vida. Para atingir o caminho da riqueza, você não deve colocar todos os ovos no mesmo cesto; é preciso diversificar suas rendas.

Sem deixar o que faz atualmente, você pode desenvolver outra atividade. Pode encontrar o veículo certo para levá-lo do seu ponto A (situação atual) para seu ponto B (situação desejada) caso ainda não tenha encontrado. Forme parcerias com pessoas de confiança, pesquise, analise pessoas, fatos e dados e dedique-se a algo novo de forma segura. Se persistir, tudo dará certo! O Universo conspirará a seu favor, especialmente se estiver preocupado em facilitar e melhorar a vida de outras pessoas. Além disso, é muito importante investir uma parte do seu dinheiro mensalmente. Essas atitudes compensarão a defasagem da sua renda e o direcionarão para o caminho da riqueza. Não tenha dúvida disso!

EDUCAÇÃO FINANCEIRA
31

No ano de 2011, a Previdência Social do Brasil tinha 29 milhões de aposentados e pensionistas recebendo mensalmente da Previdência Social – INSS. Desses 29 milhões de pessoas, somente 1% é independente financeiramente. Dos 99% restantes, cerca de 46% dependem de seus filhos e parentes para viver, 28% estão à beira da miséria, passando fome ou pedindo esmolas, e 25% precisam continuar trabalhando, ou seja, após 30, 40, 50 anos trabalhando por dinheiro, ainda é uma necessidade manter o ritmo de trabalho até o resto de suas vidas. Infelizmente, esses percentuais só pioram com o tempo.

Isso ocorre porque, com o passar dos anos, todas as pessoas adquirem um padrão de vida, influenciado por suas rendas, que são maiores do que a remuneração conquistada na aposentadoria. Como exemplo consideremos uma pessoa que tinha um padrão de vida de R$ 3.000,00 mensais e a sua aposentadoria inicial foi de R$ 1.000,00. Dependendo apenas da renda de sua aposentadoria, será praticamente impossível diminuir seu ritmo de trabalho ou parar de trabalhar para descansar, viajar, cuidar dos netos etc. Isso se deve ao fato de que não houve uma preparação para a sua aposentadoria. Existe um grande número de pessoas sofrendo com essa situação em todo o mundo.

Os fatos citados acima estão completamente relacionados com a falta de educação financeira. Infelizmente, não houve nenhuma forma de ensino que trabalhasse a educação financeira com as pessoas que se encontram nessa situação atualmente, nem em escolas, faculdades e universidades. A educação financeira ainda é pouco difundida. Para você evitar a necessidade de diminuir seu padrão de vida em um momento futuro, é de fundamental importância que a educação financeira entre hoje na sua vida. Todos nós ficaremos velhos. Se não fizermos nada nesse momento, como poderemos evitar que nossas crianças vivam esse sofrimento, de após uma vida de trabalho ter uma vida medíocre ou não ter condições de sobreviver?

Certa reportagem a que assisti exibiu uma família em que apenas o pai trabalhava como empregado de uma usina. Após presenciar um grande número de demissões na empresa, de forma inesperada, percebeu que precisaria diversificar sua renda. Vendeu os dois carros que possuía e fundou uma padaria, onde o restante da família passou a trabalhar. Com conhecimentos básicos de educação financeira, a família administrou muito bem a renda do pai e da padaria. Dois anos depois, adquiriram um terreno para construir um imóvel e alugá-lo. Após entender bem os processos básicos que envolviam o aluguel de imóveis, passaram a investir nesse ramo boa parte das rendas, que não paravam de crescer. Passados 11 anos da atitude inicial do pai, a família possuía 13 quitinetes alugadas, 18 novas sendo construídas, a padaria instalada em um novo prédio e 3 salas comerciais já alugadas. Mesmo assim, o pai continuava com seu emprego na usina.

Essa história prova que qualquer pessoa pode trilhar o caminho da riqueza, não importa a sua renda. Mas o primeiro passo é documentar todo o dinheiro que entra e sai do contexto familiar para saber seu destino atual. Posteriormente, devem-se eliminar os gastos com coisas supérfluas, analisar o mercado e identificar uma oportunidade de investimento. Feito isso, com um desejo ardente, uma fé inabalável e disposição para o trabalho, pode-se iniciar um processo de diversificação de renda. Essa educação financeira básica já poderá evitar necessidades inesperadas no seu futuro e de toda a sua família. Não tenha dúvida disso!

Diversifique suas rendas
32

Os finais de ano sempre são propícios para analisar os rumos das nossas vidas. Quais eram as coisas que você prometeu para si no início do ano atual? O que desejou mudar na sua vida espiritual? E na vida da sua família? E na sua vida financeira? Quais das mudanças desejadas foram conquistadas por você? O que conseguiu colher até agora daquilo que plantou?

Infelizmente, a maioria das pessoas que desejam mudar os rumos das suas vidas acaba deixando seus desejos para trás logo nos primeiros dias de retorno à rotina. Horários a cumprir, trabalhos e projetos a entregar, contas para pagar e, rapidamente, o tempo e o dinheiro da maioria das pessoas são completamente utilizados. Mas a pergunta é: Você conseguiu utilizar seu tempo e seu dinheiro a seu favor e a favor de sua família neste ano?

Quanto do seu tempo você utilizou para planejar este e o próximo ano? Se as coisas não aconteceram como esperava, o que você fará diferente? Lembre-se de que fazer as mesmas coisas e esperar resultados diferentes é insanidade. Se você deseja que este ano seja melhor que o anterior, precisa obrigatoriamente fazer algo diferente. Mas isso não significa que deve largar tudo o que faz atualmente e iniciar algo novo. Você pode desenvolver outra atividade em paralelo e manter a atual até que consiga colher os resultados.

Se você ainda tem apenas uma fonte de renda, é extremamente importante que uma de suas metas seja criar uma nova fonte de renda. Sua vida e a de sua família ficam muito vulneráveis às oscilações do mercado quando existe apenas uma fonte de recursos financeiros. Caso tenha um emprego, arrumar outro que exija que você venda mais do seu tempo para outras pessoas não é a atitude mais sensata. Todas as pessoas podem desenvolver algo cujo resultado dependa do seu empenho e desempenho sem abandonar sua atividade atual.

Caso você já tenha mais de uma fonte de renda, parabéns! Mas, independentemente de ter uma ou mais rendas, o retorno financeiro proporcionado por elas não pode depender apenas de você. Tem-se outra situação vulnerável nesse caso, pois, se algo ocorrer com você que o impeça de desempenhar suas atividades, sem ter segurança financeira, suas rendas ficarão comprometidas.

Uma solução viável para você e sua família diversificarem suas rendas neste ano é se associar a uma empresa de *marketing* de rede. Mas é muito importante verificar a idoneidade dela, se está sediada há mais de cinco anos no mesmo endereço e se tem aprovação dos órgãos jurídicos fiscalizadores. Esse tipo de negócio pode lhe proporcionar segurança financeira, enquanto você trabalha na busca da independência financeira, ampliar sua visão sobre o mundo dos negócios e colocá-lo no caminho da riqueza! Não tenha dúvida disso!

Viver ou juntar dinheiro?
33

Circula na internet há vários anos um texto com o título "Viver ou juntar dinheiro?". Esse texto descreve o que seria o desabafo de uma pessoa de 61 anos, que chamarei de Ezequiel neste capítulo. Ezequiel comentou que leu em uma revista um artigo no qual jovens executivos davam receitas simples e práticas para qualquer um ficar rico.

Após a leitura, Ezequiel fez alguns cálculos e percebeu que, se tivesse simplesmente deixado de tomar um cafezinho por dia, durante os últimos 40 anos, teria economizado R$ 30.000,00. Se tivesse deixado de comer uma *pizza* por mês, teria economizado R$ 12.000,00, e assim analisou vários outros exemplos de quanto poderia ter economizado ao longo da vida.

Ezequiel percebeu que, com 61 anos de idade, poderia estar milionário com essas economias. Destacou que, para estar milionário, deveria deixar de tomar caipirinhas, de comprar roupas caras, de viajar etc. Se hoje ele tivesse todo o dinheiro que teria economizado, poderia tomar caipirinhas, comprar roupas caras, viajar etc. Por fim, Ezequiel declarou que se sente absolutamente feliz em ser pobre e ter feito todas as coisas que ele queria durante os seus 61 anos.

Como se não bastasse, ele recomenda aos jovens e brilhantes executivos que façam a mesma coisa que ele fez, para não chegar aos 61 anos com um monte de dinheiro em suas contas, mas sem ter vivido a vida. Ezequiel conclui com a frase: "Não eduque o seu filho para ser rico; eduque-o para ser feliz. Assim, ele saberá o valor das coisas, não o seu preço".

O texto dos três parágrafos acima confunde completamente os conceitos de felicidade e riqueza. Ser feliz nunca significará ser pobre financeiramente. Como pode uma pessoa ter felicidade sem nunca ter dinheiro? Da mesma forma, ter apenas muito dinheiro na conta bancária nunca significará ser feliz isoladamente. O caminho da riqueza consiste em estar feliz nas áreas espiritual, familiar e financeira, nessa ordem. Se você não estiver bem espiritualmente, encontrará dificuldades para conseguir felicidade na família e na área financeira.

Existem apenas duas formas de mudar a situação financeira de qualquer pessoa: reduzindo as despesas mensais ou aumentando a renda dela. A descrição de Ezequiel representa apenas a redução de despesas mensais. Mas você pode aumentar a sua renda, não importa qual seja a sua ocupação. Você tem um mundo de oportunidades que possibilitam isso, mas precisará sair da sua zona de conforto! Com o aumento da sua renda, você poderá destinar parte do dinheiro para seus investimentos. Isso significa que não é necessário deixar de viver para juntar dinheiro. No caminho da riqueza, entre viver ou juntar dinheiro, a resposta será sempre "as duas coisas"!

O SEU MODELO DE DINHEIRO
34

No livro "Os segredos da mente milionária", de T. Harv. Eker, o autor ensina os leitores a adotarem os hábitos das pessoas bem-sucedidas. A principal ideia que permeia todo o seu conteúdo é que cada pessoa tem um modelo próprio de dinheiro. O livro consegue mostrar que, caso você tenha um modelo errado de dinheiro no seu subconsciente, dificilmente atingirá o caminho da riqueza. Neste capítulo, serão abordados os dezessete arquivos de riqueza do livro supracitado. Vale a pena ler calmamente cada um deles e analisar os seus conceitos sobre o dinheiro.

Arquivo nº 1: "As pessoas ricas acreditam na seguinte ideia: Eu crio a minha própria vida. As pessoas de mentalidade pobre acreditam na seguinte ideia: Na minha vida, as coisas acontecem". Ninguém, além de você, é responsável pela sua situação financeira. Se você vive se queixando ou coloca a culpa em outras pessoas sobre sua situação financeira, mude isso e tenha humildade para reconhecer que o problema está em você. Crie você mesmo a sua própria vida, porque tem capacidade para isso.

Arquivo nº 2: "As pessoas ricas entram no jogo do dinheiro para ganhar. As pessoas de mentalidade pobre entram no jogo do dinheiro para não perder". Podem-se citar as pessoas que ficam no mesmo emprego há anos, por medo de perder investimentos em oportunidades de trabalhar pelo seu empenho e desempenho. Se você pensa em perder, é isso que sempre acontecerá. A maioria das pessoas que trilham o caminho da riqueza já desempenhou ou ainda desempenha funções cujos resultados dependem do seu empenho e desempenho. Aqueles que permanecem a vida inteira esperando que outras pessoas lhes digam o que e quando fazer nunca trilharão o caminho da riqueza.

Arquivo nº 3: "As pessoas ricas assumem o compromisso de serem ricas. As pessoas de mentalidade pobre gostariam de ser ricas". Albert Einstein definiu que insanidade é continuar fazendo sempre a mesma coisa e esperar resultados diferentes. Assumir o compromisso de trilhar o caminho da riqueza significa desejar, acreditar e agir para conquistar a felicidade nas áreas espiritual, familiar e financeira. Para chegar a esse nível, várias mudanças internas precisam ocorrer em você, além da mudança de diversos hábitos. Comprometa-se com isso! Entenda que, se você faz o que a maioria da população faz, terá o que a maioria da população tem. E, logicamente, a maioria da população não é exemplo de sucesso.

Arquivo nº 4: "As pessoas ricas pensam grande. As pessoas de mentalidade pobre pensam pequeno". Você gasta a mesma energia para pensar em receber R$ 100,00 e R$ 1.000.000,00. Por que pensar pequeno? O perigo não é você pensar grande e não conseguir aquilo que deseja, mas pensar pequeno e conseguir. Se você fizer uma pequena pesquisa, perceberá que todas as pessoas que conseguiram realizar grandes feitos pensaram e agiram de forma grandiosa. As águias não saem do seu ninho para comer moscas. Quem pensa pequeno obtém resultados pequenos. Por isso, pense grande!

Arquivo nº 5: "As pessoas ricas focalizam oportunidades. As pessoas de mentalidade pobre focalizam obstáculos". Se você deseja trilhar o caminho da riqueza, analise mais o lado positivo de tudo que envolve os acontecimentos diários da sua vida. Cada obstáculo que surge para você serve apenas para aumentar a sua capacidade de realização e o tornar mais forte para alcançar o que quer que você deseje. Se você analisar alguns acontecimentos já ocorridos na sua vida, certamente se lembrará de alguma ocasião em que uma porta boa se abriu pelo fato de você enfrentar algo que lhe parecia ruim. O que o levará a atingir o caminho da riqueza pode estar após a próxima curva da estrada. Você jamais saberá a que distância está, a não ser que dobre a curva. Portanto, sempre continue andando em direção aos seus objetivos até atingi-los e enfrente os obstáculos e os problemas que surgirem, mantendo o foco.

Arquivo nº 6: "As pessoas ricas admiram outros indivíduos ricos e bem-sucedidos. As pessoas de mentalidade pobre guardam ressentimento de quem é rico e bem-sucedido". Entre os ricos existem pessoas boas e más. Entre os pobres, também. Não faz sentido você pensar que os ricos são pessoas más ou que enriqueceram porque exploraram outros indivíduos. Se você fizer uma pequena pesquisa, descobrirá que a grande maioria das pessoas que construíram sua própria fortuna são as mais simples, motivadas e alegres, que trabalharam com afinco e enfrentaram grandes dificuldades no começo e no decorrer de suas empreitadas, que se preocupam em facilitar e melhorar a vida de outras pessoas e que o seu dinheiro foi consequência de seu próprio empenho e desempenho. Além disso, antes de esses indivíduos viverem na riqueza, eles admiravam aqueles que já viviam nela. Admire os indivíduos que já vivem na riqueza, e você se tornará um deles.

Arquivo nº 7: "As pessoas ricas buscam a companhia de indivíduos positivos e bem-sucedidos. As pessoas de mentalidade pobre buscam a companhia de indivíduos negativos e fracassados". Os seres humanos adotam com facilidade os hábitos das pessoas com que convivem diariamente. Se você pensa que a vida é sofrida, que nada pode mudar sua situação financeira ou tem outros pensamentos negativos, analise melhor os hábitos das pessoas do seu convívio diário. Se perceber que convive muito tempo em ambientes onde há pessoas que reclamam de tudo e de todos, é bem provável que você se torne uma pessoa assim. Isso pode levar ao fracasso. Certamente, ao ler este parágrafo, você se lembrou de algum momento da sua vida em que estava muito feliz, mas uma pessoa negativa disse algo, e sua felicidade acabou. Tanto as pessoas positivas quanto as negativas contagiam você. Prefira a companhia de indivíduos positivos e bem-sucedidos.

Arquivo nº 8: "As pessoas ricas gostam de se promover. As pessoas de mentalidade pobre não apreciam vendas nem autopromoção". As pessoas que trilham o caminho da riqueza sabem que, para seu negócio prosperar, é preciso que outras pessoas o conheçam. Se você não promover seu negócio para o público que deseja atingir, quem irá promovê-lo? Você é um vendedor! Se você trabalha para alguém, está vendendo seu tempo e esforços. Quanto você cobra pelo seu tempo, empenho e desempenho? Promova a si mesmo e a tudo o que você faz. Isso valorizará o seu tempo.

Arquivo nº 9: "As pessoas ricas são maiores do que os seus problemas. As pessoas de mentalidade pobre são menores do que os seus problemas". Os problemas são seus melhores amigos. Quando trabalha até resolver seus problemas, você cresce, e o Universo lhe abre outras portas. Infelizmente, os problemas paralisam a maioria das pessoas, porque elas se sentem incapazes de enfrentá-los. *Um problema pode ser definido como aquilo que Deus apresenta a você para saber se você merece o que quer.* Vale a pena reler a frase anterior. Se você realmente deseja trilhar o caminho da riqueza, precisa entender que é maior do que seus problemas. Você é o maior milagre da natureza, e não os obstáculos que surgem no seu caminho. Cada problema resolvido o capacitará a enfrentar obstáculos maiores. É assim que você se capacita para trilhar o caminho da riqueza.

Arquivo nº 10: "As pessoas ricas são excelentes recebedoras. As pessoas de mentalidade pobre são péssimas recebedoras". A maioria das pessoas tem a ideia de que, quando se comporta mal, não deve receber dinheiro. Não importa se você se sente merecedor ou não. Se você cumprir o seu papel de melhorar e facilitar a vida de outras pessoas, não há como receber outro resultado senão o caminho da riqueza. Lembre-se de que estar no caminho da riqueza significa viver uma situação de felicidade nas áreas espiritual, familiar e financeira, nessa ordem. Como você percebe, o dinheiro está em terceiro lugar na escala de prioridades. Entretanto, sempre que uma quantia de dinheiro for direcionada a você de forma ética, moral e legal, pelo fato de você ter produzido algo de valor para outras pessoas, aceite e receba. Pare de pensar que você não merece ou que não precisava. O dinheiro sempre foi e será consequência de um trabalho bem feito. Se você influenciou positivamente a vida de outras pessoas, merece receber pelo feito.

Arquivo nº 11: "As pessoas ricas preferem ser remuneradas por seus resultados. As pessoas de mentalidade pobre preferem ser remuneradas pelo tempo que despendem". Todos os empregados trocam o seu tempo por dinheiro. Isso é um obstáculo para a riqueza. Se um empregado pensar em passar a vida inteira trabalhando dessa forma, nunca atingirá a riqueza. O seu tempo é limitado a 24 horas por dia. Você nunca conseguirá dedicar mais tempo do que isso ao trabalho. Para trilhar o caminho da riqueza, você precisa aplicar os conceitos de duplicação e alavancagem. Você duplica o seu tempo unindo-se a outras pessoas com objetivos semelhantes aos seus. Você alavanca suas rendas quando ajuda outras pessoas a conquistarem o que elas querem, realizando algo em conjunto. Quanto mais você se aprimorar a fazer isso, mais riqueza virá até você.

Arquivo nº 12: "As pessoas ricas pensam: Posso ter as duas coisas. As pessoas de mentalidade pobre pensam: Posso ter uma coisa ou outra". Não faz sentido você pensar que deve optar entre ter o amor ou o dinheiro, ser rico ou ter uma vida feliz. Você pode ter ambos, amor e dinheiro, ser rico e ter uma vida feliz. Não existem regras que indicam que, se você possui uma coisa, não pode ter outra. Existem apenas circunstâncias impossíveis, em que não existe meio-termo. Por exemplo, não é possível uma mulher estar e não estar grávida: ou ela está grávida ou não está. Não existe meio-termo nesse caso. Você pode ser gordo ou magro, mas não as duas coisas. Você pode ser alto ou baixo, mas não as duas coisas. Desconsiderando essas circunstâncias, não há algo que indique que você deve escolher entre ser rico ou feliz, ter amor ou dinheiro etc. Nesses casos, você sempre pode ter as duas coisas; não precisa escolher apenas uma. Você pode e deve trilhar o caminho da riqueza, com abundância de felicidade espiritual, familiar e financeira.

Arquivo nº 13: "As pessoas ricas focalizam o seu patrimônio líquido. As pessoas de mentalidade pobre focalizam o seu rendimento mensal". Aqueles que buscam a independência financeira têm como objetivo formar um patrimônio líquido tão grande que, ao ser investido, os dispense de trabalhar pelo resto da vida, a menos que queiram. Para atingir o caminho da riqueza, você precisa focar na construção de independência financeira. Quanto mais independência você conquistar em relação ao dinheiro, melhor. Por não entender isso, a maioria das pessoas passa a vida inteira dependente financeiramente. O fato de ler este livro indica que você não quer trabalhar por dinheiro até a morte. Não importa a sua idade nem suas condições, você pode começar agora a focalizar o seu patrimônio líquido e construir ou aumentar sua independência financeira.

Arquivo nº 14: "As pessoas ricas administram bem o seu dinheiro. As pessoas de mentalidade pobre administram mal o seu dinheiro". Uma pessoa só trilha o caminho da riqueza se tem educação financeira. Basicamente, ter educação financeira significa planejar aonde vai cada centavo daquilo que você ganha. Aqueles que não sabem explicar para onde vai o seu dinheiro geralmente vivem dizendo que não sobra. O dinheiro não permanece nas mãos de pessoas que não sabem gerenciá-lo. Isso explica o fato de inúmeras pessoas que receberam prêmios grandiosos em dinheiro nas loterias ficarem pobres. Caso não sobre dinheiro para você, o primeiro passo é anotar todas as entradas e saídas do dinheiro que envolve a sua vida. Tudo deve ser anotado e discriminado. Pode ser em uma caderneta ou planilha de computador, mas esta tarefa deve ser feita diariamente. Após o primeiro mês realizando essa tarefa, analisando as anotações, você já conseguirá identificar gargalos que consomem seu dinheiro, bem como gastos desnecessários. Com as estatísticas na mão, você conseguirá fazer sobrar dinheiro e poderá destiná-lo a áreas da sua vida que estavam esquecidas.

Arquivo nº 15: "As pessoas ricas põem o seu dinheiro para dar duro para elas. As pessoas de mentalidade pobre dão duro pelo seu dinheiro". As pessoas que vivem no caminho da riqueza fazem bons investimentos, enquanto as de mentalidade pobre ficam trabalhando a vida inteira por dinheiro. A grande maioria das pessoas que criaram sua própria riqueza financeira começou do zero. Essas pessoas deram duro por dinheiro até perceber e entender que nunca conseguiriam resolver seus problemas financeiros, definitivamente, até que fizessem o seu dinheiro dar duro para elas.

E, quando perceberam isso, começaram a acumular parte do dinheiro que já recebiam até planejar, pesquisar, descobrir e iniciar o primeiro investimento. O sucesso de um investimento permite que um segundo possa ser iniciado, e assim sucessivamente, até que vários investimentos e negócios diversificados rendam e proporcionem liberdade financeira.

Arquivo nº 16: "As pessoas ricas agem apesar do medo. As pessoas de mentalidade pobre deixam-se paralisar pelo medo". Não basta orar, mentalizar, visualizar uma determinada quantia em dinheiro. Quando uma oportunidade surgir, você precisará agir. As pessoas de mentalidade pobre ficam sempre esperando o melhor momento. E, mesmo quando ele chega, ficam com medo e não agem. Todo grande negócio iniciou pequeno e com riscos. Mas sempre é possível correr riscos calculados. Logicamente, achar que encontrou o negócio da vida e decidir da noite para o dia que todo o seu dinheiro deve ser investido nele é muito arriscado. Tudo precisa ser estudado, pesquisado e planejado detalhadamente, prevendo o que poderá ser feito caso algo não saia como o esperado. Quando tudo isso estiver planejado e documentado, as pessoas que trilham ou desejam trilhar o caminho da riqueza agirão. Caso deseje realizar algo grandioso na sua vida, você também precisa agir dessa forma, apesar do medo.

Arquivo nº 17: "As pessoas ricas aprendem e se aprimoram o tempo todo. As pessoas de mentalidade pobre acreditam que já sabem tudo". As pessoas que trilham o caminho da riqueza estão sempre interessadas em aprender e se aprimorar mais para melhorar a sua vida, das suas famílias e também de outras pessoas. Infelizmente, as pessoas, em sua maioria, acham que se nasceram pobres, que vão morrer pobres, porque a vida é assim e nada pode ser feito. Mas, à medida que o tempo passa, muitas coisas mudam. O que você sabe hoje pode ser útil e influenciar suas ações hoje. Nada garante a utilidade eterna daquilo que você sabe. Se não estiver aberto e disposto a aprender sobre as novidades relacionadas aos seus negócios e tudo o que envolve a sua vida, qual será seu sentido de viver? Você morre no momento em que se fecha para o mundo. O fato de ler este livro indica que você quer realmente trilhar o caminho da riqueza. Você conseguirá trilhá-lo se estiver aberto e disposto a aprender e se aprimorar o tempo todo.

Analise com cautela o seu modelo de dinheiro para identificar o que está incrustado na sua mente em relação a ele. E mude seus conceitos se for necessário, porque você nasceu para brilhar! Não tenha dúvida disso!

COLECIONE PEQUENAS VITÓRIAS DIÁRIAS
35

O caminho da riqueza é infinito. Mas, uma vez que você tenha começado a trilhá-lo, sua vida mudará sempre para melhor, um pouco a cada dia. Para relembrar, o caminho da riqueza significa viver em um estado de completa felicidade, estar feliz nas áreas espiritual, familiar e financeira, nesta ordem. Para desfrutar desse nível, é preciso colecionar pequenas vitórias diariamente.

Para conquistar o caminho da riqueza, é preciso entender que coragem não significa ausência de medo. Para treinar e aprimorar sua coragem, é necessário colecionar pequenas vitórias diárias. O desenvolvimento de uma autoconfiança que traga bons resultados para você sempre surgirá de treinos menores. Para trilhar o caminho da riqueza, é muito importante levar sua vida a sério e construir seus sonhos sobre fundamentos seguros.

Em Provérbios 12:11, está escrito: "O que lavra a sua terra será farto de pão, mas o que corre atrás de coisas vãs é falto de senso". Objetivamente, isso significa que nada do que você deseja para sua vida e de sua família cairá pronto do céu, que não existirá sucesso para as pessoas que se detêm apenas às coisas vãs, vazias ou fantasiosas.

Levante-se e ande! Coloque seus pés no chão e lavre a sua terra! Você pode fazer muito mais do que imagina. Mas, se deseja trilhar o caminho da riqueza junto com as pessoas que você ama, não pode ficar apenas torcendo para que tudo aconteça. Se estiver disposto a lutar, Deus vai abençoá-lo com aquilo que você merecer.

Confiar em Deus não significa ficar de braços cruzados, esperando que o sucesso e suas bênçãos caiam do céu. O verdadeiro sucesso e a verdadeira benção não representam um único e grande acontecimento nem uma única e grande vitória. O sucesso e as bênçãos que Deus lhe oferece são constituídos de pequenas vitórias diárias, colecionadas por você enquanto anda pelo caminho da riqueza.

As pessoas ingênuas que se focam nas coisas vãs, que esperam uma herança financeira ou contam apenas com a sorte são os fracassados. Essas pessoas não acreditam que podem conquistar a tranquilidade espiritual, familiar e financeira por seus próprios méritos. Mas o fato de você estar lendo este livro indica que é um vitorioso ou uma vitoriosa. Portanto, pode trilhar o caminho da riqueza e conquistar tudo aquilo que deseja para sua vida.

Com um desejo ardente e uma fé inabalável de que conquistará tudo de que precisa, você deve resolver cada problema que surgir, diariamente. Cada problema vencido aprimorará suas habilidades e competências para seus próximos passos. Isso credenciará você para conquistar pequenas vitórias todos os dias, em todas as áreas da sua vida. E o acúmulo de pequenas vitórias diárias levará e manterá você no caminho da riqueza!

O MAIOR LÍDER DE TODOS OS TEMPOS
36

A história de Jesus Cristo é conhecida em todo o mundo. É impossível desconsiderar seus ensinamentos, pois a própria história da humanidade se divide em antes e depois de Cristo. Muitas pessoas questionam a história de Jesus Cristo, acreditando que ela possa ser inverídica. É provável que todas as pessoas, quando a ouviram pela primeira vez, tiveram momentos de dúvida, perguntando-se como seria possível tudo aquilo ter ocorrido envolvendo um ser humano. Certamente, quando ouviu pela primeira vez que se originou do milagre da junção de um espermatozoide com um óvulo, você também teve algumas dúvidas até acreditar.

A história de Jesus está completamente alinhada com o caminho da riqueza. Cabe ressaltar, novamente, que riqueza não significa apenas ter dinheiro, mas atingir um nível de completa felicidade nas áreas espiritual, familiar e financeira, nessa ordem. Por isso, independentemente de questões de ordem religiosa, vale a pena levar em consideração a história do maior líder que já existiu na Terra, Jesus Cristo, para analisar os feitos que você produziu até esse momento e que ainda pode produzir.

A imaginação é um grande poder que os seres humanos têm. Por meio da imaginação, que se inicia com um pensamento, qualquer pessoa pode estar onde desejar, com quem e quando quiser. Acrescentando emoção a uma situação imaginada repetidas vezes, pode-se vivenciá-la. Isso está completamente alinhado aos feitos de Jesus Cristo sobre a natureza da sua época.

Sabe-se que tudo o que Jesus fazia era remetido por ele a seu Pai, conhecido pelo mundo como Universo, Deus, Inteligência Infinita, Mente Superior etc. Isso nos permite entender que todo o Poder dos acontecimentos está em Deus. É sabido que nós somos milagres produzidos à imagem e semelhança de Deus. Portanto, podemos nos conectar a Deus e produzir feitos semelhantes por intermédio da utilização do seu poder. Era assim que Jesus Cristo agia.

Num momento em que poucos detinham o poder sobre a maioria das pessoas, Jesus mostrou para o mundo que todos podem utilizar o poder de Deus, especialmente para praticar o bem aos seus semelhantes, e que a consequência disso é a riqueza em todas as áreas da vida. Para que isso ocorra, é preciso que você deseje ardentemente, imagine e acredite com uma fé inabalável em tudo o que faz e deseja fazer, colocando suas ideias nas mãos de Deus e pedindo a Ele sabedoria para fazer as coisas conforme a sua vontade. Há vários exemplos na Bíblia Sagrada em que pessoas pediam a sua cura para Jesus, e ele dizia: "A tua fé te curou!". Esse é o conhecimento básico que o maior líder de todos os tempos ensinou ao mundo. E é o maior segredo para o seu caminho da riqueza! Pratique diariamente esse novo conhecimento que você obteve. E, agindo dessa forma, você entenderá os preceitos descritos neste capítulo.

Curada pela crença inabalável do filho

37

O desejo ardente e a crença inabalável produzem tudo o que é necessário para que qualquer pessoa possa trilhar o caminho da riqueza, não importa o que deseja conquistar. Pode ser a resolução de um problema de saúde, familiar, financeiro ou qualquer outro. A combinação do desejo ardente com a crença inabalável lhe trará o que você precisa, mas exigirá sua ação. Segue abaixo uma história verídica que traduz exatamente isso.

No ano 2008, um homem residente no município de Farroupilha/RS estava com sua esposa na casa de um amigo. Nesta casa, um grupo de pessoas iniciou uma conversa sobre a Bíblia Sagrada. Este homem sempre teve muitas dúvidas sobre o poder do Universo (Deus, Inteligência Infinita, Poder Superior). O grupo pediu a ele o que pensava e tinha a dizer sobre Jesus. Ele não gostava de conversar sobre o assunto e disse que não queria se manifestar. Mas uma moça disse a ele que Jesus gostava de que o desafiassem e que ele deveria fazê-lo. Nesse momento, ele sentiu que precisava dizer o que estava pensando.

Sua mãe tinha 76 anos e residia em Rosário do Sul/RS. Sofria há mais de 30 anos com problemas crônicos relacionados a varizes. Os médicos diziam que não havia o que fazer com o caso dela. O problema era grave a ponto de sua mãe não poder mais sair de casa, pois havia perfurações em suas pernas. Além disso, a esposa dele estava desempregada numa época difícil.

No momento em que o homem fora indagado a desafiar o poder de Jesus e do Universo, ele disse que, se a sua mãe fosse curada e sua esposa estivesse empregada até o dia 5 de janeiro do ano seguinte, ele nunca mais duvidaria de Jesus e de Deus. Além de proferir as palavras, ele realmente desejou ardentemente que aquilo ocorresse e acreditou que fosse possível.

Dois dias após, o homem recebeu uma ligação da sua irmã de Rosário do Sul. Ela informou que um enfermeiro havia indicado um médico que faria a cirurgia e corrigiria o problema da mãe deles, mas haveria um custo de R$ 3.800,00. A família se comprometeu com o pagamento. No dia 20 de dezembro do mesmo ano, a esposa dele estava com um emprego garantido, que iniciaria exatamente no dia 5 de janeiro. A cirurgia da mãe dele foi um sucesso. Segundo o médico, levaria oito meses para ela estar com a vida normalizada. Dois meses depois, ela estava completamente normal. O médico não soube explicar, pois ela fora curada pelo Poder Superior de Deus, que envolve Jesus Cristo. Este poder foi invocado pelo filho dela.

Cinco anos após o ocorrido, a mãe daquele homem frequentava muitas festas, dançando sem parar com o pai dele. Sua saúde atingiu o estado de riqueza. Essa história prova que, independentemente da área da sua vida que necessita do caminho da riqueza, um desejo ardente somado a uma crença inabalável o guiarão até atingir seu objetivo. Não tenha dúvida disso!

A INFLUÊNCIA DO SUBCONSCIENTE NA BUSCA DA RIQUEZA

38

Nosso cérebro tem dois hemisférios, o esquerdo e o direito. De forma geral, a educação trabalha o hemisfério esquerdo do cérebro das pessoas, que é lógico, detalhista, envolve a fala/linguagem e é fechado. O hemisfério direito é amplo, artístico, inovador, aventureiro, visual e aberto. O livro "O Sucesso não ocorre por acaso", de Lair Ribeiro, cita dois exemplos que permitem entender claramente a diferença entre duas pessoas que têm apenas um hemisfério do cérebro bem desenvolvido.

Aquele que tem o hemisfério esquerdo predominante tem uma capacidade fabulosa para a matemática. Faz qualquer conta de cabeça, mas é caixa de uma lojinha no centro, onde trabalha há 15 anos e ficará lá até se aposentar. Ele impressiona as pessoas com sua capacidade matemática, mas recebe três salários mínimos por mês.

Analisemos uma pessoa com o hemisfério direito predominante em seu cérebro. Tem-se um artista brilhante, que pinta quadros maravilhosos. Está desempregado, passando necessidade, e seus quadros estão guardados na despensa da sua casa. Van Gogh pintou mais de 1.600 quadros durante a vida, mas vendeu apenas um. Viveu e morreu na miséria.

As pessoas que têm apenas um hemisfério do cérebro predominante dificilmente terão sucesso. Para trilhar o caminho da riqueza, é preciso balancear os dois hemisférios cerebrais. O hemisfério direito é a via de entrada para o subconsciente e é fundamental para o caminho da riqueza, porque é preciso "crer" primeiro para "ver" depois.

Tudo o que você consegue "ver" na sua mente pode "ter" em suas mãos. Se você vir desgraças e infelicidades de uma forma repetida na sua mente, terá desgraças e infelicidades em suas mãos. Se você visualizar sucessos e situações felizes de forma repetida na sua mente, terá sucessos e situações felizes em suas mãos.

Não existem limitações para a nossa mente, exceto as que nós mesmos reconhecemos. Pobreza e riqueza são produtos do pensamento. Quando você permite que pensamentos dominantes permaneçam na sua mente consciente, sejam eles positivos ou negativos, estará permitindo que seu subconsciente seja atingido e influenciado por eles voluntariamente.

Como monitorar todos os seus pensamentos é uma tarefa difícil, a solução é monitorar seus sentimentos. Você consegue se imaginar vivendo uma vida de riqueza? Feche os olhos e imagine-se agora, durante um minuto, vivendo uma situação de riqueza, sendo desfrutada juntamente com as pessoas que você ama. Volte à leitura desse texto apenas após esse minuto de imaginação.

Como você se sentiu? Maravilhosamente bem, não é mesmo? É assim que o caminho da riqueza começa a ser trilhado. A sua imaginação influencia diretamente seu subconsciente, mas as cenas que você deseja viver precisam ser imaginadas com bastante frequência, pois os acontecimentos levam um tempo para ocorrer.

Quando seu subconsciente entender que a cena imaginada é algo normal na sua vida, o universo moverá tudo de que precisa para que você aja e a vivencie. Sempre que estiver triste, mude seu pensamento para algo que o faça sentir-se alegre. Monitore seus sentimentos. Assim, você desenvolverá os dois hemisférios do seu cérebro e conseguirá influenciar seu subconsciente até trilhar o caminho da riqueza.

A RIQUEZA VEM DE DEUS
39

O capítulo anterior relatou que nosso cérebro tem dois hemisférios, o esquerdo e o direito. O hemisfério esquerdo compreende a parte consciente do cérebro e está sendo utilizado por você agora para ler e interpretar este texto. O hemisfério direito compreende a parte inconsciente do cérebro e é responsável por tudo o que está no seu subconsciente. O seu subconsciente influencia diretamente os resultados conquistados por você ao longo da vida.

O que é trabalhado com frequência na parte consciente do seu cérebro, por meio de repetidos pensamentos, insere no seu subconsciente um resultado relacionado no mundo físico. É por isso que, quando uma pessoa fala repetidamente "Tudo dá errado para mim", é isso que acaba acontecendo. É o nosso subconsciente que permite que o universo se rearranje para conseguir o que desejamos ardentemente.

Se perguntarmos a um físico o que criou o universo, ele dirá: energia. Se fizermos a mesma pergunta a um teólogo, ele dirá: Deus. Se perguntarmos para o físico a definição de energia e para o teólogo a definição de Deus, eles darão respostas semelhantes. Algo que não pode ser criado nem destruído, apenas transformado, que sempre existiu e existirá, que não tem forma definida etc.

O nosso subconsciente permite fazermos uma conexão direta da nossa mente com o poder de Deus. Se pensarmos e agirmos para fazer o bem a todos que nos rodeiam, todos os caminhos nos serão mostrados para conquistar o que desejamos ardentemente com um sentimento bom em nosso coração.

Nesse sentido, o poder que você tem dentro de si pertence a Deus. Mas o fato de ter sido criado à sua imagem e semelhança permite que você se conecte a esse poder infinito e o utilize. É por isso que a riqueza vem de Deus. Logicamente, se você utilizar esse poder para praticar o mal, receberá o mal. Se utilizar esse poder para praticar o bem, receberá o bem.

Na *Bíblia Sagrada*, em 1 Crônicas 29:11,12, está escrito: *A ti, SENHOR, pertencem a grandeza, o poder, o esplendor, a majestade e a glória, pois o que existe no céu e na terra pertence a ti. Teu é o reino, e a ti cabe elevar-se como soberano acima de tudo. A riqueza e a glória vêm de ti. E tu governas todas as coisas. Em tua mão está a força e o vigor. Em tua mão está o poder de engrandecer e fortificar todas as coisas.* Isso ajuda você a entender por que alimentar o seu subconsciente com coisas boas é tão importante. Visualizar frequentemente a sua felicidade e da sua família, em todas as áreas, permite que você viva as cenas imaginadas. E isso é fantástico! Não é necessário você entender isso em detalhes. Basta acreditar e praticar, utilizando o poder. Você não entende a eletricidade em detalhes, mas sabe para que ela serve e a utiliza diariamente. Apenas 5% do nosso poder de realização estão no consciente, enquanto 95% estão no inconsciente.

O fato de seus pensamentos não se inserirem instantaneamente no subconsciente é útil. Você não gostaria de imaginar um camelo na sua frente e isso se manifestar instantaneamente. É por isso que somente a imaginação de cenas por repetidas vezes consegue entrar no seu subconsciente. Aprenda isso, pratique, desfrute dos resultados que ocorrerão na sua vida e na vida da sua família. Depois de vivenciar as cenas de felicidade e de entender que a riqueza vem de Deus, passe isso adiante, a todas as pessoas que puder, e você trilhará o caminho da riqueza! Não tenha dúvida disso!

O DESEJO E A FÉ NO CAMINHO DA RIQUEZA
40

Existe algo que você realmente deseja? Quais são as coisas que ainda almeja conquistar? Quais são seus maiores sonhos? São os mesmos de cinco anos atrás? Como pretende conquistá-los? Existe dentro de você um desejo ardente em relação a isso? Você tem um propósito definido? Já sabe o que quer profundamente? Suas respostas a estas perguntas lhe permitirão perceber com clareza o caminho que está percorrendo e seu destino.

Se seu objetivo é trilhar o caminho da riqueza, você precisa ter um propósito definido. Se gostaria de ter mais dinheiro, por exemplo, não basta simplesmente desejar ter bastante dinheiro. Porque um saco de moedas é bastante dinheiro. É necessário definir a quantia exata desejada, a data e o seu propósito. Por que você deseja ter essa determinada quantia em dinheiro? Qual é o seu propósito? O que faria hoje se tivesse esse dinheiro em seu poder? O que pretende dar em troca para recebê-lo? O que essa conquista mudaria na sua vida e na vida da sua família? Escreva isso em um papel e leia pelo menos uma vez por dia, de preferência imediatamente antes de dormir ou logo após se levantar da cama.

Independentemente do seu objetivo, você precisa ter um desejo ardente de conquistá-lo. Durante o caminho, sempre haverá obstáculos que poderão se transformar em derrotas temporárias. Não se importe com o que outras pessoas possam dizer ou pensar nesses momentos. Essas derrotas temporárias só se transformarão em fracasso caso você desistir. Se mantiver o desejo ardente de conquista, realizando as tarefas necessárias com amor, entenderá que cada derrota traz consigo a semente de um êxito equivalente. Dessa forma, você persistirá, e o resultado final será a vitória.

Além de um desejo ardente de realização, para conquistar a riqueza é necessário ter uma fé inabalável. A fé não admite dúvida. Ou você acredita ser possível ou não. A fé é posse antecipada. Enquanto acreditar que pode conquistar a quantia de dinheiro que deseja, sempre existirá um caminho possível para isso ocorrer. Se deixar de acreditar, os caminhos possíveis não existirão mais. Já dizia Jesus: *Pedi e recebereis, procureis e achareis, batei e abrir-se-vos-á, pois todo aquele que pede, recebe, quem procura acha e a quem bate abrir-se-lhe-á.*

Também não podemos esquecer que Jesus dizia para as pessoas: *Levanta-te e anda!*. Isso significa que, se mantiver uma fé inabalável, atrairá o caminho mais curto entre você e o seu objetivo. Mas isso não significa que a sua parte do trabalho não precisará ser feita. Durante o caminho, mantendo o desejo ardente de realização e a fé inabalável, você conseguirá identificar quais são os momentos em que precisará agir. Nesses momentos, só você poderá "levantar e andar".

Agora, vale a pena reler as perguntas iniciais deste capítulo. Entenda que não é possível saciar a sede com carne. Fazer isso significa que não está crendo na concretização do seu desejo. O caminho da riqueza o conduzirá para a fonte de água quando estiver com sede. Mas é preciso entender que você não estará pronto para algo enquanto não acreditar, com uma fé inabalável, que poderá obtê-lo. Tenha convicção de que seu objetivo será atingido! E é isso que ocorrerá!

O USO DA MENTE E O CAMINHO DA RIQUEZA

41

Todos os seres humanos têm o poder de estimular a sua mente por meio da utilização dos cinco sentidos. A parte mais superficial da nossa mente é chamada de consciente; a mais profunda chama-se subconsciente. Os pensamentos que passam pela nossa mente atingem primeiro sua parte consciente. O subconsciente só é atingido por meio de pensamentos dominantes e frequentes. Mas, para que algo penetre na parte subconsciente da nossa mente, é preciso acrescentar emoção aos pensamentos dominantes. Somente você pode controlar a sua mente e permitir que pensamentos bons ou ruins permaneçam nela. Os pensamentos que mantiver por mais tempo na sua mente sempre se manifestarão materialmente no mundo real.

Todos os dias, passam pelas nossas mentes milhões de pensamentos. Vindos de várias direções, influenciados pelo meio em que vivemos, pelas imagens que visualizamos, pelas pessoas com quem conversamos e as quais observamos etc. Por este motivo, talvez agora você esteja pensando que não é possível monitorar todos os pensamentos que passam pela sua mente diariamente. Certamente, isso daria muito trabalho. Mas, para entrar no caminho da riqueza, é necessário observar melhor quais são seus pensamentos dominantes. E existe um caminho simples de realizar esta tarefa: monitorar seus sentimentos. Se você deseja melhorar o que é hoje, precisa iniciar o processo de visualização.

O processo da visualização permite que nossos pensamentos penetrem no subconsciente das nossas mentes. Entretanto, para entendê-lo, primeiramente é importante reconhecer que o seu corpo é fruto dos seus pensamentos. O que você é e a situação em que se encontra hoje são frutos colhidos de pensamentos dominantes plantados na sua mente.

Para mudar os frutos que você está colhendo, em todas as áreas da sua vida, precisa primeiro mudar os seus pensamentos dominantes por meio do poderoso processo da visualização.

Escreva em um papel aquilo que você deseja conquistar, com detalhes e data para a realização. Exemplo: Muito obrigado por eu receber R$ 50.000,00 de forma inesperada até dia/mês/ano. Em um local calmo, leia em voz alta a declaração do seu desejo. A leitura em voz alta deve ser feita especialmente no primeiro mês, até que você consiga entender bem o processo envolvido. Cabe ressaltar, no entanto, que a simples leitura da declaração do seu desejo não é suficiente para atingir o seu subconsciente. É preciso que, após a leitura, você visualize o desejo realizado e se emocione com aquilo. Deve haver esse sentimento!

Imagine o que faria com a realização do desejo. O que mudaria na sua vida e da sua família? Como se sentiria? Com a repetição desse processo diariamente, o seu subconsciente entenderá como uma ordem e se comunicará com um poder superior, que é o Universo (Deus). Após isso, o Universo encontrará o caminho mais curto para que isso ocorra na sua vida e lhe enviará uma oportunidade que permitirá a realização do seu desejo. Fique atento para identificá-la quando chegar! Acreditando e praticando esses procedimentos, você entrará no caminho da riqueza! Não tenha dúvida disso!

Imagine-se

42

Os únicos seres que têm o poder de imaginar são os humanos. Nós conseguimos criar imagens de algo que não existe, dentro das nossas mentes. Você é o único ser que tem o poder de se imaginar fazendo o que quiser, com quem quiser, onde quiser e quando quiser. Isso é fenomenal! Entretanto, nossa imaginação pode ser influenciada pelo ambiente e pelas pessoas com quem convivemos. Mas é você que detém o controle da sua imaginação. Pode imaginar-se agora sendo feliz ou estando depressivo. Como você tem utilizado esse poder?

Analise algumas frases que já são bem conhecidas pelo mundo: "Se você pensar que pode ou que não pode, de qualquer forma estará certo." (Henry Ford); "Qualquer coisa que a mente do homem pode conceber pode, também, alcançar." (William Clement Stone); "A imaginação é tudo. Ela é uma prévia das próximas atrações." (Albert Einstein); "Suba o primeiro degrau com fé. Não é necessário ver toda a escada. Apenas dê o primeiro passo." (Martin Luther King Jr.). Vale a pena ler novamente essas frases. Todas elas têm uma ideia relacionada de que tudo o que ocorre nas nossas vidas se iniciou na nossa imaginação, independentemente de serem coisas boas ou ruins. Quando entendemos e praticamos isso, nossa vida muda drasticamente.

Todos os seres humanos têm um poder interior que os torna capaz de se comunicar com outras mentes e com o Universo (Deus, a Inteligência Infinita). Nós somos energia. A forma de comunicação com as outras energias existentes, sem utilização da fala, ocorre por meio do nosso subconsciente. Isso significa que sua imaginação pode comunicar-se com tudo. Pela utilização da imaginação, a sua mente finita tem comunicação direta com a Inteligência Infinita (Universo, Deus) e também com os subconscientes de outras pessoas. Independentemente do que você imaginar, sua imaginação será uma prévia das próximas atrações.

No entanto, é preciso entender que esse processo não ocorre instantaneamente. Apenas a imaginação combinada a sentimentos pode influenciar o subconsciente. As criações da sua imaginação só funcionam quando sua mente consciente é estimulada por um grandioso desejo. Você precisa desejar algo ardentemente, de uma maneira que o desejo altere seus sentimentos. Imagine-se recebendo esse desejo! Mas tenha convicção de que, caso se imagine e fique feliz com pouco, é isso que terá e viverá. Da mesma forma, se você passar boa parte do seu tempo imaginando situações negativas ou o insucesso numa tarefa, é isso que terá e viverá.

Não importa se você imagina o bem ou o mal, a imaginação sempre produzirá resultados relacionados. Ela é uma ferramenta poderosa tanto para atingir o caminho da riqueza quanto o da pobreza. Envolve tudo que o cerca, inclusive seu equilíbrio emocional. Então, utilize a sua imaginação para que o seu coração fique bem. E qualquer coisa que sua mente puder conceber poderá também alcançar. Você criará seu próprio universo ao longo do caminho da riqueza. Para entrar no caminho da riqueza, imagine-se como se já estivesse chegado lá. Sinta a emoção dessa cena! Imagine-se e, quando a inspiração chegar, aja. Não é necessário ver toda a escada. Suba o primeiro degrau com fé e você atingirá a riqueza em todas as áreas da sua vida!

Como desenvolver a fé

43

É preciso lembrar, novamente, que o caminho da riqueza consiste em viver uma situação de completa felicidade. Significa estar feliz especialmente nas áreas espiritual, familiar e financeira, nessa ordem. Se você não estiver bem espiritualmente, encontrará dificuldades para conseguir felicidade na família e na área financeira. Isso explica o fato de algumas pessoas falarem que dinheiro não traz felicidade, que é melhor ser pobre e feliz etc.

O fato de uma pessoa ter muito dinheiro não trará felicidade se ela não for feliz espiritualmente e na sua família. Portanto, tenha certeza de que, se você aprender a ficar bem espiritualmente, isso ocasionará felicidade familiar, que, por sua vez, trará felicidade na área financeira.

Para conquistar a felicidade espiritual, é preciso desenvolver a fé. A fé é um estado de espírito que pode ser criado por qualquer pessoa a partir da repetição de uma afirmação ou ordem, que envolva um desejo ardente, para o seu subconsciente. É a visualização do desejo com a certeza de sua realização.

Você pode convencer o seu subconsciente da sua certeza de que receberá aquilo que está pedindo. Com isso, o seu subconsciente agirá embasado nessa crença e o devolverá em forma de fé, juntamente com planos definidos para que você realize seus desejos.

Se você tem dificuldade de se imaginar em uma situação de riqueza, para mudar isso um bom começo é repetir uma afirmação escrita que contenha um desejo ardente. Como exemplo, você pode escrever em uma folha de papel a seguinte situação de riqueza: *Muito obrigado por eu morar com minha família em uma casa de 250 metros quadrados, que contém do lado de fora uma piscina térmica fechada!* Mas isso deve ser feito em voz alta, diariamente, durante pelo menos 30 dias. Se essa não for uma situação de riqueza desejada por você, escreva outra, de forma semelhante. Os melhores momentos para ler a afirmação em voz alta são imediatamente antes de dormir ou logo após acordar e se levantar da cama.

Lembre-se de que, para se imaginar vivendo a situação escrita na folha de papel, você precisa convencer o seu subconsciente da sua certeza. Quanto mais claras estiverem as cenas do seu desejo ardente na sua imaginação, maior será o seu poder de convencer o subconsciente. Então, leia em voz alta o que escreveu no papel até conseguir visualizar as cenas da situação de riqueza descrita por você.

Quando você conseguir fechar os olhos e se imaginar vivenciando aquelas cenas, seu subconsciente agirá com base nessa crença e o devolverá em forma de fé. Somado a isso, você receberá o plano que deve seguir para realizar o seu desejo, por inspiração, como se uma voz lhe dissesse o que precisa ser feito. Quando isso ocorrer, você terá uma prova de que o seu subconsciente já estará trabalhando para que seu desejo ocorra na sua vida.

É importante ressaltar que não são as palavras pronunciadas que serão entendidas como ordens pelo subconsciente, mas, sim, as cenas da sua imaginação. Quanto mais fortes os sentimentos envolvidos com seus pensamentos, mais claras serão as cenas da situação de riqueza produzidas na sua imaginação.

Reservar um momento diário para essa tarefa reforçará a fé que será devolvida pelo seu subconsciente. E é assim que a fé é desenvolvida. Apenas as pessoas que desenvolvem a fé conseguem conquistar a felicidade espiritual, que é o início do caminho da riqueza. E não tenha dúvida de que você pode fazer isso!

Se Deus está com você, nada é impossível!

44

Como foi relatado diversas vezes neste livro, não é possível viver o caminho da riqueza em sua plenitude sem estar feliz espiritualmente, em primeiro lugar. Mas o que significa isso exatamente? Será que Deus existe? O que é Deus? Tudo é energia. Todos nós somos uma massa de energia vibrante. Se você olhar suas mãos com um microscópio específico, poderá perceber isso. Você tem energia suficiente para manter as lâmpadas da sua cidade acesas por uma semana.

Como somos feitos à imagem e semelhança da fonte criadora, Deus existe e também é energia. Nós temos forma definida. Deus não tem forma definida; sempre existiu e sempre existirá. Não pode ser criado nem destruído, mas pode manifestar-se de diversas formas. Deus é também chamado de diversas formas, dentre elas Universo, Inteligência Infinita etc. Mas algumas pessoas não acreditam na sua existência. Talvez você esteja se perguntando isso agora.

Provavelmente, você não entende como funciona a eletricidade em detalhes, mas desfruta da sua energia diariamente. Você sabe que a eletricidade pode cozinhar um alimento e também cozinhar um homem; depende de como você a utiliza. Da mesma forma ocorre com Deus. Você não entende com detalhes como funciona seu Poder onipresente e onipotente. Mas pode mudar a sua vida para melhor desfrutando da sua conexão com o Poder de Deus.

Uma vez que você entenda e aceite que Deus/Universo/Inteligência Infinita representam energia ilimitada, disponível para auxiliar você e todas as outras pessoas, em todos os momentos e lugares, sua vida mudará. Você entenderá que, quando Deus está com você, nada é impossível! Entenderá que cada necessidade diária que surge na sua vida pode ser resolvida com o auxílio do Poder de Deus. Você saberá qual caminho seguir, mesmo quando várias pessoas ao seu redor o criticarem pela sua escolha.

Um exemplo de que qualquer pessoa pode utilizar para testar a utilização do poder que tem invocando Deus é estacionar seu veículo exatamente no lugar em que deseja. Visualize claramente na sua mente a vaga em que deseja estacionar seu carro enquanto você estiver no caminho. Se você acreditar o suficiente, a vaga estará lá, disponível. E você não se reconhecerá por alguns instantes. Isso ocorrerá porque, se Deus está com você, nada é impossível!

Após vivenciar essa cena diversas vezes, você entenderá que seus feitos de ontem são pequenos demais para serem reconhecidos. Entenderá que pode utilizar a mesma técnica para coisas maiores e realizar muito mais. Que o milagre que o produziu não se findou com o seu nascimento. Que esse milagre pode se estender a seus feitos de hoje. Que você é o maior milagre da natureza! E que conquistar a felicidade espiritual é o primeiro passo para trilhar o caminho da riqueza!

Você e o poder onipresente e onipotente

45

Como foi relatado no capítulo anterior, todos nós somos constituídos de energia. O nosso corpo parece sólido, mas na verdade não é. Tudo é energia. Mas, infelizmente, a maioria das pessoas não sabe utilizar de forma adequada a energia do próprio corpo para conseguir realizar seus desejos.

A Física Quântica descreve como as coisas se comportam em escala microscópica. Pode-se dizer, resumidamente, que a Física Quântica prova que algo que pareça impossível pode acontecer ou acontece. Esses estudos apontam que nada ocorre sem que haja energias em sintonia.

Para relembrar, se você perguntar a um físico qual é a definição de energia, ouvirá como resposta: "Não tem forma definida, está presente em todos os lugares, não pode ser criada nem destruída, pode apenas ser transformada". Se perguntar a um teólogo a definição de Deus, ouvirá como resposta: "Não tem forma definida, é onipresente e onipotente, não pode ser criado nem destruído". Como percebe, as definições de Energia e Deus são as mesmas. Portanto, Deus também é Energia.

Pode-se dizer que Deus é um Oceano de Amor. Mostra o caminho do amor, que permanece intacto e constante. Não se esquece de ninguém. Tem um amor incondicional e ilimitado. Nós estamos acostumados a conhecer as coisas olhando-as, provando-as e tocando-as. A maioria das pessoas cresceu em uma cultura de que é preciso ver para crer e acaba se acostumando a perceber as coisas deste modo. Como não podemos ver, provar e tocar Deus, pode surgir o questionamento: será que Deus existe realmente?

No entanto, o amor de Deus reforça a vontade da alma de se libertar das angústias ocasionadas por maus hábitos, como o desejo egoísta, a ira, o medo, o ego e o apego. O poder onipotente e onipresente de Deus ajuda a nossa alma a reconhecer seu potencial mais intenso e a buscar o objetivo da perfeição de praticar a arte de viver a vida com simplicidade e pensamentos elevados. Quando esta prática for adotada por um número significativo de pessoas pelo mundo, finalmente surgirá uma mudança positiva em toda a humanidade.

Você pode se colocar em sintonia com esse Poder Onipresente e Onipotente que caracteriza Deus. Tudo de que você precisa pode ser conquistado com o exercício de desejar, acreditar e receber, nessa ordem. Você não precisa entender isso perfeitamente; basta acreditar que esse poder existe e está à sua disposição, e agir, atraindo tudo o que é necessário para que você tenha uma vida plena. A sua conexão com Deus ocorre quando você tem pensamentos puros. Como resposta, você experimentará sentimentos puros e fortaleza espiritual.

Deus é a Energia Suprema, que nunca adota um corpo físico para si. Está acima de todos os efeitos das ações e nunca sujeita as dualidades de nascimento e morte, prazer e dor, êxito e fracasso. Está além dos limites do tempo deste mundo físico e retém o conhecimento absoluto do universo e todas as suas dimensões.

Somente o Poder Onipresente e Onipotente ajuda você a reconhecer seu potencial mais intenso e buscar o caminho da riqueza. Durante a imaginação das cenas dos próximos capítulos da sua vida, quando entender que a sua mente está em sintonia com a mente de Deus, independentemente da sua situação atual, você sempre contará com uma fonte de ajuda e fortaleza. Uma reserva infinita de poder e virtudes a seu alcance que podem ser invocados com apenas um pensamento. Não tenha dúvida disso!

A RIQUEZA E O PECADO
46

Muitas pessoas pelo mundo gastam o dinheiro que possuem em apostas, jogos de azar etc., na ilusão de enriquecer sem esforço, de uma hora para a outra. Existe um grande e variado mercado para os mais diversos tipos de apostas. Essas pessoas geralmente acreditam que conquistar uma grande quantidade de dinheiro de uma única vez resolverá todos os seus problemas e que isso representa viver uma situação de riqueza. Acreditam que não existe caminho algum a ser percorrido para a conquista da riqueza.

De forma geral, pode-se afirmar que essas pessoas vivem uma ilusão. Nunca param para pensar no que e por que estão fazendo determinada aposta. Apenas o fazem porque veem muitas outras pessoas realizando a mesma coisa. Agem assim porque a maioria das pessoas que conhecem também o faz. Nunca percebem que a maioria das pessoas não ganha nas loterias. Nunca percebem que a maioria das pessoas não é exemplo de sucesso nem exemplo a ser seguido.

Essas pessoas geralmente acreditam que praticar o bem, ter humildade para ouvir, sintonizar-se com Deus, estar tranquilo espiritualmente e ter um bom relacionamento familiar representam besteiras e nada têm a ver com riqueza. Acreditam que o dinheiro pode resolver tudo aquilo que não está bom nas suas vidas. Acreditam também que podem confiar apenas na sua inteligência e com isso conseguirão sozinhos todo o dinheiro que desejam.

No entanto, o caminho da riqueza precisa ser percorrido! Neste caminho é preciso encontrar a felicidade espiritual, que trará a felicidade familiar, que conduzirá à felicidade financeira. Não existem atalhos! E, quando a riqueza for conquistada, pode ser uma fonte de tentações ou de bênçãos. Está escrito na Bíblia Sagrada, em 1 Timóteo 6:17-19, na carta de Paulo, que os ricos devem evitar dois pecados: o orgulho e a confiança nas riquezas. Isso significa que o seu dinheiro, por si só, não o torna uma pessoa superior às outras.

Existem vários exemplos de pessoas ricas financeiramente que diziam algo como "o dinheiro que possuo pode sustentar até quatro gerações de minha família" e que, pouco tempo depois, a própria família destruiu toda a sua fortuna, sem precisar de nenhuma nova geração. A confiança em grandes somas de dinheiro se torna ruína quando a tranquilidade espiritual e familiar deixarem de ser cultivadas. Quando o dinheiro é colocado acima de Deus na escala de prioridades, a vida começa a desmoronar.

Quando o dinheiro for fonte de tentações, várias portas de pecado se abrirão, porque o dinheiro pode comprar muitas coisas, inclusive pessoas. Entretanto, quando uma pessoa tratar o dinheiro como fonte de bênçãos, ela praticará o bem, se enriquecerá de boas obras, estará disposta a contribuir com o mundo e será capaz de partilhar. Por causa disso, acumulará um belo tesouro para seu futuro e poderá viver a vida verdadeiramente, com tranquilidade espiritual, familiar e financeira, típicas do caminho da riqueza. Não tenha dúvida disso!

O RICO QUE NÃO CONFIAVA NA SUA RIQUEZA

47

No capítulo anterior, você leu que a confiança em grandes somas de dinheiro se torna ruína quando a tranquilidade espiritual e familiar deixam de ser cultivadas. Além disso, o texto mencionava que o dinheiro pode ser fonte de tentações e de bênçãos, sendo você quem determina isso pelas suas atitudes. Concluiu-se que o dinheiro se torna fonte de tentações apenas para as pessoas que deixam de ter amor no seu coração.

Cada pessoa tem a quantidade de dinheiro que consegue administrar. Se você ainda não tem todo o dinheiro que deseja, é porque ainda não o mereceu e não saberia como administrá-lo. Não faz sentido uma pessoa ter à sua disposição algo apenas para ser desperdiçado. Infelizmente, vemos vários exemplos na sociedade de pessoas que herdaram grandes patrimônios construídos por suas gerações anteriores e os desperdiçaram.

De forma geral, grandes somas de dinheiro só melhoram a vida de pessoas que o conquistam por seus próprios méritos e não confiam apenas na sua riqueza. Ou, então, de pessoas que herdaram uma fortuna, mas aprenderam a gerenciá-la e duplicá-la. Talvez o maior exemplo disso seja o rei Salomão, cuja história está descrita na Bíblia Sagrada, no segundo livro das Crônicas. Conta o livro que *Deus apareceu a Salomão e disse: Peça o que você quiser. Salomão respondeu: Concede-me, então, sabedoria e conhecimento, para que eu possa conduzir bem este povo.*

Descreve o livro (2 Crônicas 1:11-12) que *Deus, então, disse a Salomão: "Já que você deseja isso, e não pediu riqueza, fortuna e glória, nem a morte dos inimigos ou muitos anos de vida para si mesmo, mas pediu sabedoria e conhecimento para governar o meu povo, receberá sabedoria e conhecimento.*

Além disso, eu lhe dou também riqueza, fortuna e glória, como nenhum dos seus antecessores teve, nem seus sucessores terão".

Após isso, o mesmo livro da Bíblia Sagrada conta os fatos que se sucederam. Com a prática da sabedoria e conhecimento recebidos, o rei Salomão melhorou a vida de inúmeras pessoas, do seu reino e também de vários outros. E superou em riqueza e sabedoria todos os reis da terra. O rei fez, em Jerusalém, com que a prata fosse tão comum como as pedras (2 Crônicas 9:27). Todos os reis do mundo queriam ser recebidos por Salomão, para aprender a sabedoria que Deus havia lhe dado.

A história acima prova que riqueza não significa apenas ter dinheiro, mas, sim, felicidade espiritual, familiar e financeira. O rei Salomão não fora apenas o mais rico, mas também o mais sábio. Não resta dúvida de que foram a sabedoria e o conhecimento, concedidos por Deus, que lhe trouxeram a riqueza, e não o inverso disso. Por isso, Salomão era o Rico que não confiava na sua Riqueza! Como a sabedoria e o conhecimento vêm de Deus, não podemos confiar apenas nas grandes quantias de dinheiro. É preciso manter a confiança em Deus para que o resto ocorra naturalmente no caminho da riqueza.

Dinheiro traz felicidade!
48

Uma pesquisa realizada em 2013 por uma empresa de investimentos internacional ouviu cinco mil pessoas em 13 países. No Brasil, a pesquisa revelou que o valor considerado ideal para ser feliz é de US$ 143,7 mil, cerca de R$ 294 mil, por ano. Isso representa aproximadamente R$ 24,5 mil por mês. Além disso, 93% dos brasileiros entrevistados afirmaram que o dinheiro traz felicidade. Foi um dos índices mais elevados dentre todos os países avaliados.

Segundo o IBGE, a renda média dos assalariados é de aproximadamente R$ 1.800,00 mensais. Atualmente, a renda de R$ 24,5 mil mensais, ou superior, pertence a no máximo 0,15% de toda a população do Brasil. Considerando um universo de 200 milhões de habitantes, esse percentual representa cerca de 300 mil pessoas, em todo o país. Esses números indicam que o restante da população, 199 milhões e 700 mil pessoas do Brasil, estão em busca da renda que traz felicidade segundo a pesquisa.

Como você já leu em textos anteriores desta coluna, a riqueza representa um estado de completa felicidade, que não significa apenas ter dinheiro. Neste sentido, se você está feliz com Deus, com a sua família e com as suas finanças, está vivendo em plena felicidade.

Dessa forma, os 0,15% da população do Brasil que têm renda mensal de R$ 24,5 mil ou acima estão no caminho da riqueza apenas se estão desfrutando também de felicidade espiritual e familiar, porque o dinheiro sempre revela o caráter das pessoas. Caso você acredite estar acima de todas as coisas pelo fato de ter grandes quantias de dinheiro, terá grandes problemas nas áreas espiritual e familiar.

Logicamente, o dinheiro é uma parte importante da felicidade. Não precisa de uma pesquisa internacional para provar isso; basta analisar as suas necessidades diárias. Você conseguiria sobreviver se não tivesse nem um centavo seu, nem da sua família, durante 30 dias? Por que você executa todas as suas tarefas diárias? Por que você trabalha? Precisa realmente passar por isso diariamente? Certamente, suas respostas a essas perguntas envolvem razões financeiras.

O dinheiro sempre será consequência de pensamentos, sentimentos e ações realizadas com frequência por você. Se você deseja conquistar uma renda mensal de R$ 24,5 mil mensais ou apenas aumentar a sua, a pergunta é: o que está fazendo de diferente hoje? Lembre-se de que é insanidade esperar resultados diferentes realizando as mesmas coisas que você sempre fez. O dinheiro traz felicidade, mas você precisa fazer algo a mais ou diferente do que você faz para atingir resultados diferentes.

Sua vida é abençoada!
49

De forma geral, a maioria das pessoas reclama. Do desconto inesperado em um valor a receber, do acréscimo inesperado num valor a pagar, da comida ou bebida que causaram uma sensação ruim, do salário, do mau atendimento recebido em uma loja, do mau tempo, do bom tempo, de uma decisão tomada anteriormente, do governo, de acidentes, das dívidas, de um obstáculo a vencer, da vida etc.

No entanto, tudo o que ocorre na sua vida é você que atrai. Talvez você esteja pensando "eu não atraí aquele acidente" ou "eu não atraí aquela dívida". Entretanto, foi você que atraiu. Tudo o que você pensa, sente e fala de forma repetida sempre acaba ocorrendo na sua vida. Não importa se você pensa em se livrar das dívidas ou em fazer uma dívida. Se pensar em dívida, é isso que terá. Da mesma forma ocorre com todas as outras coisas.

Contudo, a grande lição que precisa ser entendida com isso é que a sua vida é abençoada! Analise quantas coisas você tem a agradecer. Se você focar no que tem a agradecer e praticar a gratidão, receberá de Deus grandes recompensas para a sua vida. Perceberá que os problemas diários são bênçãos disfarçadas, cuja resolução sempre trará algum crescimento para a sua vida. Perceberá que todas as situações podem ser mudadas para melhor e que vale a pena ver o lado positivo do que ocorre com você.

Para atingir o caminho da riqueza, você precisa entender que a sua vida é abençoada quando a paz está no seu espírito. Quando você tem percepção em suas decisões. Quando existe um propósito no seu trabalho e em tudo o que faz diariamente. Quando você tem paciência nas suas provações. Quando há pureza em seu caráter. Quando o louvor está na sua alma. Quando a oração está no seu coração. Quando o poder está no seu testemunho e há paixão na sua vocação.

Se você não tiver paz no seu espírito, poderá tomar decisões sem fundamento ou que acabem prejudicando você e outras pessoas. Se não tem um propósito em cada atividade diária que realiza, aonde você quer chegar? Se não tem paciência para resolver tudo que for necessário, quem resolverá para você? Se não há pureza no seu caráter, como esperar que o mundo lhe entregue coisas boas? Se não tiver louvor na sua alma, será difícil realizar sua oração com o coração! Quando você conhecer o poder que existe dentro da sua mente e do seu coração, conseguirá apaixonar-se pelos seus feitos diários.

Todos os processos de melhora envolvem grandes mudanças internas e profundas nas pessoas. Querer que a vida externa melhore sem passar por essas mudanças internas é uma grande utopia. Nunca será tarde para promover as mudanças necessárias em si. Nunca será tarde para trilhar o caminho da riqueza. Portanto, não tenha mais dúvidas de que a sua vida é abençoada!

A GRANDE VERDADE DA SUA VIDA
50

Todas as pessoas que têm vontade de viver desejam crescer. De forma geral, os principais fatores que causam um desejo ardente de crescimento nas pessoas são: complementar a renda, usufruir de autonomia financeira, ter o próprio negócio, dispor de mais tempo livre, buscar o desenvolvimento pessoal, ajudar os outros, conhecer novas pessoas, ter uma aposentadoria digna e deixar um legado.

Para que ocorra crescimento na sua vida, você precisa aprender a trabalhar a si mesmo, com humildade, disciplina e persistência. Existem muitas pessoas que permanecem dando duro em seu trabalho, porque nunca dedicaram tempo para dar duro em si. Não importa a sua idade, nunca é tarde para iniciar uma mudança em você mesmo. E o processo de melhoria nunca deve acabar. Por isso, entenda que a procrastinação devasta o seu futuro.

"O Tesouro de Bresa" retrata uma história em que uma pessoa pobre compra um livro com o segredo de um tesouro. Para descobrir o tesouro, o leitor precisa decifrar coisas e realizar tarefas simples, mas que nunca foram realizadas por ele. Ao estudar, decifrar, aprender e praticar os preceitos do livro, surgem oportunidades na vida dele que o fazem, gradativamente e de forma segura, começar a prosperar.

Depois, ele precisa aprender matemática financeira básica e continuar estudando a sua vida, entendendo suas necessidades e também as de outras pessoas, enfim, continuar se desenvolvendo. No final da história, não existe um tesouro. A grande verdade da vida é que o próprio indivíduo é o tesouro. Ele precisou se desenvolver para entender o tamanho do seu potencial para crescer, o poder da sua mente e do seu coração, seu papel no mundo e que o tesouro procurado está dentro dele mesmo.

Uma grande mudança em você mesmo não necessita de grandes despesas, faculdades, mestrados, doutorados ou cursos caros. Você pode começar a conhecer a grande verdade da sua vida por meio do hábito de ler a *Bíblia Sagrada* e livros positivos. Estes, sem dúvida alguma, ajudam você a se motivar na descoberta do seu tesouro. Eles contam a história de pessoas que descobriram seu tesouro e ajudaram outras pessoas a descobrirem os delas e serem felizes.

Assistir à televisão, chorar e se queixar, reclamar do governo e do tempo e fazer as mesmas coisas a vida inteira nunca lhe proporcionarão o crescimento. Se fizer as mesmas coisas, produzirá os mesmos resultados. Portanto, para ter mais amanhã, você precisa ser mais hoje. Entenda que, no processo de busca da grande verdade da vida e do caminho da riqueza, não ocorrerão saltos revolucionários e instantâneos na sua vida. Será preciso que você progrida um pouco a cada dia, com fé inabalável e desejo ardente na busca do tesouro que você representa para si mesmo! Releia este livro quantas vezes precisar, até que você consiga identificar e mudar todos os seus hábitos diários que forem necessários. E, inevitavelmente, você trilhará o caminho da riqueza!

EDITORA E PRODUTORA

**INFORMAÇÕES SOBRE NOSSAS PUBLICAÇÕES
E ÚLTIMOS LANÇAMENTOS**

vitaleditora.com.br

/selovital

vitaleditora